www.tredition.de

AF185625

Sandra Noack

Patientin Jahrgang 1979, auf der Treppe ausgerutscht

Wie Corona in mein Leben trat (und leider nicht mehr ging)

www.tredition.de

© 2021 Sandra Noack

Verlag und Druck:
tredition GmbH, Halenreie 40-44, 22359 Hamburg

ISBN
Paperback: 978-3-347-33607-0
Hardcover: 978-3-347-33608-7
e-Book: 978-3-347-33609-4

Das Werk, einschließlich seiner Teile, ist urheberrechtlich geschützt. Jede Verwertung ist ohne Zustimmung des Verlages
und des Autors unzulässig. Dies gilt insbesondere für die elekt-
ronische oder sonstige Vervielfältigung, Übersetzung, Verbrei-
tung und öffentliche Zugänglichmachung.

Für

Basti, Anna und Line

Ich liebe euch!

...was für eine Zeit

Was es vorweg zu sagen gibt

Hallo, darf ich mich kurz vorstellen?! Wie Sie dem Titel entnehmen können, bin ich Jahrgang 1979. Des Weiteren bin ich verheiratet, Mutter von drei noch recht kleinen Kindern (9,7 und 4 Jahre alt) und beruflich bin ich seit meiner ausgelaufenen Elternzeit noch bis zum Sommer 2021 eine beurlaubte (das Wort Urlaub ist hier eigentlich völlig fehl am Platz) Studienrätin für die Fächer Geschichte und Sport. Sport war schon immer meine größte Leidenschaft. Ich bin schon mehr als einmal Marathon gelaufen – in Laufschuhen wie auch auf Inline Skates, habe einige Monate mit Radtouristen als Mountainbike-Guide die Insel Gran Canaria erkundet, habe semiprofessionell Fußball gespielt und parallel dazu die Trainer A-Lizenz gemacht. Somit habe die meiste Zeit meines Lebens mein Bewegungssoll erreicht und mich in Gruppen bewegt. Beruflich wie privat hatte ich immer Menschen um mich. Nach meinem Studium in Köln bin ich mit zwei Freunden und einem Rucksack einmal um die Welt gereist. Und das war nicht die einzige Reise in meinem Leben, obschon die Größte. Das sind nur zwei Aspekte meines - wie ich meist sehr zu schätzen weiß - äußerst privilegierten Lebens, die vielleicht erahnen lassen, dass ich – wie wahrscheinlich viele andere auch auf dieser Welt – nicht für eine Pandemie mit diesen Einschränkungen, die Corona mit sich brachte und immer noch bringt, gemacht bin.

Für alle weiteren Informationen müssen Sie jetzt einfach weiterlesen – genauso wie für die Aufklärung des Titels von diesem

Buch. Verkneifen Sie sich aber das schnelle Urteil, dass dieser Rahmen die perfekte Voraussetzung sei, ein Buch zu schreiben. Schon ertappt? Ob Sie bei Ihrem Urteil bleiben oder doch feststellen, dass dieses Buch nicht in unendlich vielen Stunden entstanden ist, in denen ich vor lauter Langeweile nicht wusste, was ich hätte Besseres machen können, sondern alles ein wenig komplexer ist als es vielleicht scheint, können Sie ebenfalls durch Weiterlesen herausfinden.

Auf das Wort Corona brauche ich nach über einem Jahr Pandemie im Vorwort nicht erklärend eingehen. Das ist für niemanden mehr ein Fremdwort. Also komme ich gleich zur Intention. Warum gibt es dieses Buch?

Wir, damit meine ich meine ‚Kernfamilie' – wie es so schön heißt - haben niemanden durch das Virus verloren, wir haben gute Rahmenbedingungen, trotzdem geht es uns nicht gut. Man kann sagen, wir vermissen, wir verzichten, wir leiden.

Jeder hat Dinge, mit denen er besser oder schlechter klar kommt. Jemand, der aus welchen Gründen auch immer nicht gut Luft bekommt, wird die Maske als große Einschränkung oder sogar als Zumutung empfinden. Wer das Fitnessstudio braucht um keine Rückenbeschwerden zu haben und die Übungen nur im Kurs regelmäßig wiederholt, ist nicht zwangsläufig undiszipliniert, sondern einfach ein geselliger Mensch, ein soziales Wesen. Und auch Kinder, die ein eigenes Zimmer haben und einen Garten nutzen können, dürfen leiden, schimpfen und weinen, weil ihnen etwas oder sogar ganz viel fehlt. Die Pandemie trifft uns alle. An den unterschiedlichsten Stellen, unterschiedlich schwer. Allein über die Aufzählung solcher Beispiele ließe sich ein Buch schreiben. Urteile, besonders über die ‚objektive Belastung' oder die Gewichtung von Belastung sind gar nicht möglich, nicht zielführend, sogar überflüssig und zerstören meiner Meinung nach ganz viel von dem, was eine Gesellschaft eigentlich ausmachen sollte. Trotzdem ist es Alltag, die Situation der anderen zu bewerten; die Pandemie macht es außergewöhnlich offensichtlich. So kommt es mir vor. Wobei wir beim Punkt wären. Dies ist MEINE Corona Geschichte, von der ich das Gefühl hatte, es tut mir gut sie aufzuschreiben. Für das klassische Tagebucherlebnis fand ich mich zu alt. Ob jemand meine Geschichte liest, ist nebensächlich. Trotzdem fühlt es sich auch gut an, ein Buch geschrieben zu haben. Das kann ich nicht leugnen. Also, das Schreiben hat sich für mich gelohnt. Ob sich das Lesen für Sie lohnt, das müssen Sie herausfinden.

Wichtig ist mir, Ihnen mit auf den Weg zu geben, dass Sie bitte nicht jedes Wort, nicht jeden Satz zu ernst nehmen. Ich habe nichts erfunden, aber Humor und manchmal auch Ironie und Sarkasmus helfen mir, schwierige Situationen zu meistern bzw. zumindest besser bewältigen zu können. Und lachen tut sicherlich nicht nur mir gut. Sie sehen, ich möchte nur Ihr Bestes. Meine subjektive Wahrheit ist der Rahmen, der hier manchmal ein wenig ausgeschmückt wurde oder fantasievoll beschrieben wurde. Das Geschilderte ist aber tatsächlich passiert, in den Fakten genauso wie aufgeschrieben.

Ich weiß, dass jeder sein Bestes gegeben hat und mehr als Alles kann man nicht geben. Was auch immer der Grund dafür sein mag, dass Fehler passiert sind, hat dies niemand mit Vorsatz oder gar böser Absicht gemacht und deshalb soll sich auch niemand persönlich angegriffen fühlen – auch wenn ich für mich beschlossen habe, die ein oder andere Konsequenz aus manchen

Erfahrungen zu ziehen. Es geht in keinster Weise um Abrechnung, Verurteilung oder was man fälschlicherweise sonst noch vermuten könnte. Deshalb wird natürlich selbstverständlich niemand mit Namen erwähnt oder erkennbar gemacht (außer beim Bedanken bzw. positiven Hervorheben). Im Laufe des Buches werden Sie verstehen, was ich meine.

Pandemie war einfach noch nie, nicht so und meine Generation hat ebenso wie die vor mir und die nachfolgende noch keine derartige Herausforderung erlebt – nicht in Westeuropa. So hat jeder nun seine ganz persönliche Corona Geschichte. Dies ist meine. Und da ich als Geschichtslehrerin Quellen interessant finde und Geschichten von Menschen sehr spannend finde, mache ich meine Geschichte jetzt öffentlich und stelle mich sozusagen auf die ‚andere Seite'. Bisher habe ich immer nur gelesen und konsumiert. Vielleicht nehmen Sie etwas mit, erkennen etwas wieder oder lassen sich einfach nur unterhalten. Ich wünsche Ihnen auf jeden Fall ein lohnendes Leseerlebnis.

Ich hoffe, man verzeiht mir, dass ich nicht genderkonform schreibe. Als tolerante, weltoffene Frau hat dies nichts mit meiner Einstellung zu tun, sondern dient lediglich der Einfachheit. Ich denke, dieses Buch lässt sich so besser lesen. Es ist zudem mein erstes Buch, sieht man einmal von meiner Diplomarbeit ab, und ich möchte mich auf den Inhalt konzentrieren können. Ich betrachte Menschen als Menschen, Leser als Leser, ohne Unterschiede und ich ignoriere niemanden oder verurteile gar jemanden durch die Vermeidung weiterer sprachlicher Ausdrücke.

Kreis Heinsdorf

Heute (Veilchendienstag 2020) wurden zwei Patienten mit dem Corona Virus ins Erkelenzer Krankenhaus eingeliefert. Der Kreis Heinsberg – oder wie es der Tagesschau Sprecher am nächsten Tag formulierte, der Kreis Heinsdorf – schließt für den Rest der Woche alle Schulen und Kindergärten. So oder so ähnlich trat Corona konkret in die unmittelbare Nähe meines Lebens, abends um 22 Uhr durch eine Whats App Nachricht in einer der unzähligen Schul- und sonstigen Elterngruppen. Nicht immer schlecht so eine Gruppe oder so viele Gruppen. So verpasst man nichts – nichts Wichtiges und nichts Unwichtiges und wird gleich mehrfach informiert. Herrlich wie ein und dieselbe Nachricht über den gleichen Kanal einen im Minutentakt dazu bringt aufs Handy zu schauen. Glaubwürdiger wurde es dadurch natürlich auch nicht. Komische Fake News…Da haben wohl einige beim Kreis zu viel Karneval gefeiert. Auf die Idee Karneval zu verlängern, muss man erst einmal kommen. Bis Mitternacht dauerte es noch bis ich realisiert hatte, dass sich niemand diese Nachricht ausgedacht hatte. Prima, dann stelle ich mal alle Wecker aus und plane morgen früh einen Besuch beim Bäcker ein, damit das Aschermittwochsfrühstück auch richtig gut schmeckt. Zwei Lehrer mit drei kleinen Kindern, wohnhaft in Wegberg, war an diesem Tag quasi ein Sechser im Lotto. Und mit dem entgangenen traditionellen Gottesdienst zu Beginn der Fastenzeit war der Preis für dieses Virus für unsere Kinder auch noch nicht hoch.

Die Freude im Kreis Heinsberg zu wohnen währte allerdings nicht lange. Wie? Die Menschen aus dem Kreis Heinsberg werden gebeten nicht zum Bundesliga Spiel der wahren Borussia gegen die andere Borussia ins Stadion zu kommen. Da hört der Spaß aber auf. Zumal ich nur zugezogen bin. Ich kannte den Kreis doch die ersten 26 Jahre meines Lebens gar nicht. Und überhaupt, gehört Gangelt, also der Corona Hotspot, überhaupt wirklich zum Kreis? Das ist weiter weg als die niederländische Grenze und zwei Nachbarkreise. Da aber schon kurze Zeit später nicht mehr nur unser Kreis zu leiden hatte, spielten diese Gedanken bald keine Rolle mehr und ich musste zumindest in Hamburg niemandem mehr erklären, wo Wegberg liegt. Kreis Heinsberg reicht als Erklärung mittlerweile völlig aus. Es ist nicht alles schlecht, wie schon so Mancher sagte. Nur den Humor nicht verlieren.

Die Nacht in der sich Corona zeigte

Das hatten wir beim Hausbau wirklich nicht bedacht, aber in dieser Nacht fiel es mir auf. Unsere Treppe ist während eines Sturzes und auch danach extrem unbequem.

Während meine Entscheidung, ob die Treppe oder das bodentiefe Fenster vor der Toilette – bevor sie völlig erschrecken zumindest noch der Hinweis, dass dieses Fenster zum Garten raus in der ersten Etage längst mit Folie beklebt ist - die größere Panne beim Bau war, noch nicht gefallen ist, musste ich aber in dieser Nacht Ende März außerdem feststellen, dass die Treppe dafür sehr pflegeleicht und stabil war und wahrscheinlich immer noch ist. Auf eine Wiederholung der Ereignisse um meine Aussage zu festigen, habe ich allerdings verzichtet und bleibe lieber unwissenschaftlich an dieser Stelle. Die Blutflecken gingen problemlos raus und nicht einmal eine kleine Kitsche hat mein Dickschädel geschafft in die Treppe zu hauen. Alle Spuren konnten somit beseitigt werden.

Wenn ich ihre Neugier immer noch nicht geweckt habe, lesen Sie trotzdem weiter. Vielleicht kommt der Abschnitt, der Sie fesselt, amüsiert oder was auch immer dieses Buch soll, ja noch. Ich verspreche Ihnen, ich gebe mir Mühe. Bleiben Sie optimistisch und lachen Sie so oft wie möglich, ganz unabhängig von meinem Talent zu schreiben.

Wie Sie vielleicht schon durch detektivisches Gespür erahnen können, bin ich die Treppe in unserem Haus in der Nähe der niederländischen Grenze und ganz weit weg von Gangelt hinuntergefallen. „Patientin, Jahrgang 1979, auf der Treppe ausgerutscht" - das waren die Worte der Notärztin als Erstinfo an das Krankenhaus, in das ich gebracht werden sollte. Als Lehrerin würde ich dort direkt ein paar Fehler rot anstreichen. Patientin, also weiblich, hatten sie immerhin richtig erkannt. Jahrgang 1979 mussten sie einfach glauben, wobei sie sicher in besserem Zustand ein Kompliment hätten fallen gelassen wie man mit 41 nur so jung aussehen kann. Wundern Sie sich nicht. Das Buch soll ja nicht nur Ihnen gut tun, sondern auch mir. Dass der Sturz auf der Treppe passiert sein musste, war anhand der Blutflecken auch nicht zu übersehen. Kommen wir zu dem entscheidenden Punkt: Warum? Ich war keineswegs ausgerutscht – ok, vielleicht sogar, aber ich war dabei bewusstlos. Ich war also auf der Treppe bewusstlos geworden. Das stand gar nicht auf meiner to do Liste oder auf der Liste, der Dinge, die man im Leben unbedingt einmal gemacht haben muss, aber ich bin ja grundsätzlich offen für Ideen. Wie es dazu kam, dass ich in doch noch recht jungen Jahren mitten in der Nacht – was hatte ich dort überhaupt zu suchen? – bewusstlos die Treppe runter gefallen war, hatte dann eben doch mit dem für mich so weit entfernten Corona Virus zu tun. Gangelt, China, der Mars – gefühlt alles gleich weit weg und nicht in meinem näheren Interessengebiet, was diese Regionen nicht im Geringsten abwerten soll. Für mein Leben spielten sie bisher nur keine Rolle, wenn man einmal von einem einmaligen Besuch des Gangelter Tierparks einige Jahre zuvor absieht.

Wie konnte es nur soweit kommen

Muss ich wirklich so dringend auf die Toilette? An diesem Wochenende Ende März 2020 war ein klares JA als Antwort auf diese Frage der einzige Grund mich zu bewegen. Ich hatte zuvor alles versucht meinen Zustand zu ändern. Ich hatte mich furchtbar geärgert und war auch kurz davor meinen Beinen zu sagen, dass es unmöglich sei, mich so hängen zu lassen, aber weder Frust noch Wut noch Ignoranz oder gar Akzeptanz brachten eine Verbesserung. Seitdem habe ich Mitleid mit meinem Handy, wenn es weniger als 20 Prozent Akkuleistung hat. Auf Energiesparmodus zu fahren, ist schlichtweg anstrengend, ermüdend und von erholsam so weit weg wie eben das Corona Virus von mir – wie man sich täuschen kann. Alle Theorien über meine Verfassung und Schlussfolgerungen wie ‚ich brauche vielleicht mal eine Mutter-Kind-Kur' oder einfach nur ‚einen Lottogewinn für einen vierwöchigen All inklusive Urlaub auf den Seychellen' spielten an dem Sonntagabend aber keine Rolle mehr als ich mich dazu entschied auf der Couch zu schlafen. 13 Stufen bis zum Schlafzimmer hoch gehen? Unvorstellbar.

Da ich zumindest in anderen Sachen schlafen wollte als ich den ganzen Tag schon auf der Couch liegend angehabt hatte – ein bisschen Abwechslung wollte ich mir dann doch gönnen – holte mein achtjähriger Sohn mir ein T-Shirt und eine kurze Schlafanzughose aus dem Schrank. Hätte ich gewusst, was in der Nacht noch folgen würde, hätte ich mehr auf die Auswahl geachtet. Wenn man allerdings davon ausgeht, dass dieses schicke Abi-T-Shirt von 1998 mit mittlerweile zwei Löchern und dem Abimotto

„Filmriss" groß als Aufschrift vorne zu lesen die eigenen vier Wände nicht verlässt und normalerweise in der Nacht weder der Paketbote noch die Nachbarin klingelt (und wenn, hätte jemand anders aufgemacht), ist man an der einen oder anderen Stelle fahrlässig im Umgang mit sich selbst oder die Fantasie reicht nicht aus um gewisse Dinge zu antizipieren.

Wie auch immer, bis 1:39 Uhr schlief ich recht gut in diesem T-Shirt samt nicht passender kurzer blauer Hose. Ich stellte mit Blick auf die Uhr fest, dass ich immerhin etwa drei Stunden am Stück ganz gut geschlafen haben musste. Allerdings schien der Schlaf mir nicht gut getan zu haben. Mein Körper hatte diese Phase dazu genutzt den ohnehin schon ziemlich angeschlagenen Zustand noch zu verschlechtern. Bisher war ich ‚nur' absolut matt, kraftlos und abgeschlagen gewesen. Jetzt hatte irgendjemand mir einen Stein – und keinen kleinen, eher einen Fels – auf die Brust gelegt. Puh, nicht gut, dachte ich. Vielleicht gehe ich doch mal hoch und wecke meinen Mann. Der Gedanke war im Nachhinein noch schlechter. Aber hinterher ist man ja immer schlauer. Der Weg aus dem Wohnzimmer durch den Flur bis zur Treppe wurde von meinem Kreislauf nur noch schwach begleitet und toleriert. Ganz ohne Alkohol oder Hypnose, ganz ohne mein Verschulden befand ich mich gefühlt in einer Art Trance, die aber nicht lange genug dauerte um mir Gedanken machen zu können. Wenige Augenblicke später muss mein Kreislauf irgendwo auf diesen 13 Stufen Richtung Schlafzimmer den Dienst verweigert haben – obwohl ich ansonsten sehr nett mit ihm umgehe. Ganz ohne muskuläre Anspannung und Augen, die einem den Weg weisen, ist durch die Schwerkraft der Weg nach unten vorprogrammiert. Ich bin nicht undankbar, dass das Schmerzzentrum in Bewusstlosigkeit auch nichts meldet, zumindest nichts spürbar. So eine Holztreppe mit einer annähernd 90 Grad Kurve nimmt einen nicht sanft in Empfang. Immerhin hatte ich an diesem Abend keine Dinge auf der Treppe gelagert wie es so oft der Fall war und immer noch ist, wenn die Kinder Dinge unten liegen lassen, die dann beim nächsten Gang nach oben mitgenommen werden sollen. Aber auch auf das Aufräumen hatten wir an dem Abend verzichtet – wie auf so Vieles andere. Ich erspare Ihnen die Details. Unterhaltsame Bücher sind dafür da, in Geschichten zu versinken und kreativ eine Geschichte im Kopf entstehen zu lassen. Ich lasse Ihnen gerne an der ein oder anderen Stelle Raum dafür. Unsere Treppe war also frei von jeglichem Spielzeug, Kleidungsstücken und leider auch frei von Decken oder Kissen. Es wäre ein glücklicher Zufall gewesen, der wie es bei Zufällen ebenso ist, nur selten eintritt.

Kommen wir zu den guten Dingen des Abends, immer positiv denken und das Gute erkennen…mein Mann hat den Aufprall gehört, ihn nicht in seinen Traum eingebaut und friedlich weiter geschlummert, mein Mann hat sich entschieden aufzustehen und nachzusehen, mein Mann hat die Telefonnummer 112 auch nachts um zwei parat (man sollte auch die Kleinigkeiten sehen) und die Telefonleitung funktionierte zudem. Dem ersten Notarzteinsatz für mich stand also nichts mehr im Weg.

Stellen sie sich kurz einen reibungslosen Notarzteinsatz mit anschließender Behandlung im Krankenhaus vor. Verwerfen Sie nun diese Gedanken und überlegen Sie nun, was alles schief laufen kann. Sie haben sicher gute Ideen wie der Fahrer verfährt sich oder eine Straße ist gesperrt, es ist kein Behandlungszimmer frei oder man verbindet den falschen Arm. Es wurde viel spannender oder wie ich im Nachhinein zu sagen pflege, es wurde absurd. Absurd ist aber oft eben auch lustig und so habe ich meinen Humor nicht verloren und ich konnte viele Leute später damit amüsieren oder staunen lassen. Es ist schließlich alles gut ausgegangen.

„Ich hätte jetzt gerne einen Mundschutz", sagte die Notärztin, nachdem bei mir 39 Grad Fieber festgestellt worden war. Das Gespenst Corona war kurzfristig zu Gast. Es schien aber auf der Fahrt ins Krankenhaus ausgestiegen zu sein, denn im Krankenhaus schien man dem Virus den Zutritt verweigert zu haben oder zumindest dies zu wollen. Dazu aber später mehr, denn der Weg ins Krankenhaus glich bereits dem Sendekonzept der „Versteckten Kamera".

Nach einem Check auf der Treppe in besagtem Outfit unmittelbar neben der offenen Tür bei 2 Grad Außentemperatur, legte man mich auf die Liege vor die Tür. Kältetest bestanden. Die Patienten lebt noch, hatte man mit einfachen Mitteln festgestellt. Ich fror. Zittern ist für jeden Laien ein Indiz, dass noch nicht alles verloren ist. Dieser Test wurde ausgeweitet, aus mir unerklärlichen Gründen. Vielleicht hat man gehofft, dass das Virus erfriert, wenn man mich nur lange genug in meinen 1A Winterschlafanzug für die Tropen bei Frost draußen liegen lassen würde. Auch die Hecktür des Krankenwagen hatte man sicherheitshalber über 20 Minuten offen stehen gelassen, damit auch wirklich keine Wärme mehr im Innenraum vorhanden sein konnte. Warm wurde mir so schnell nicht. Positiv gesehen war die Konzentration auf die Kälte bzw. das Zittern eine perfekte Ablenkung von der Gesamtsituation, die immer noch weit weg von zufriedenstellend war. Aber es geht hier ja nicht ums Jammern, sondern ums Amüsieren und Staunen. Somit beenden wir diesen Abschnitt hier.

Auch die Überlegung mich gar nicht erst in ein Krankenhaus zu fahren, überraschte aufgrund meines desolaten Zustandes ein wenig, aber logisch gedacht kann ich natürlich niemanden außerhalb des Hauses anstecken, wenn ich das Haus erst gar nicht verlasse.

Man entschied sich aber doch dafür, mich in ein Krankenhaus zu fahren. Nicht in ein Krankenhaus, in DAS Krankenhaus. Nach einer schlechten Erfahrung drei Jahre zuvor, wollte ich nicht nachtragend sein und gab DIESEM Krankenhaus eine zweite Chance. Eher unfreiwillig, aber da der Zufall mit einem dicken Kissen auf der Treppe schon nicht eingetroffen war, würde schon kein Zufall in der Form eintreten, dass ich an derselben Stelle wieder an wenig professionelle Mitarbeiter geraten würde. Beurteilen Sie selbst.

Zeitreise in das Jahr 2017

Unser drittes Kind war noch nicht zwei Monate alt als unser Ältester meinte Streptokokken als Geschenk, wahrscheinlich aus dem Kindergarten, mitbringen zu müssen. Grundsätzlich nicht weiter tragisch, zumal man als Kind an diesen diversen Viren wie u.a. übrigens Corona Viren und in dem Fall Bakterien nicht vorbei kommt. Das hat ja auch alles seinen Sinn. Das Immunsystem will sich ja nicht langweilen, und in Deutschland mit einem an vielen Stellen vernünftigem Gesundheitssystem auch unproblematisch. Also ein Gang zum Kinderarzt, Antibiotikum Rezept holen, eine Woche roten Saft zum Essen nehmen und kurze Zeit später erinnert man sich kaum noch an die zwei Tage, an denen das Kind etwas ruhiger schien. Unglücklicherweise ist das Ganze meist ansteckend und als tröstende, kuschelnde Mama ist man potentiell gefährdet, das ein oder andere auch mal mitzunehmen. Normalerweise bringt das niemanden aus der Fassung. Da es Ostern war, war es aber zumindest ärgerlich, dass ich eben nicht zum Arzt gehen konnte. Da die Streptokokken sich aber so schnell vermehrt hatten, dass ich kaum noch schlucken konnte und die Kieferklemme sich schon andeutete, blieb mir nichts anderes übrig als in die Notaufnahme DES Krankenhauses zu fahren um mir, wie ich dachte, ein Antibiotikum zu holen. Meine Theorie mit den Streptokokken fand aber kein Gehör, in meinen Hals schaute auch niemand. Eine Blutabnahme später stand fest, dass der Entzündungswert, der sogenannte CRP, nicht hoch genug war für eine bakterielle Entzündung und ich einfach viel trinken solle um den vermeintlichen viralen Infekt loszuwerden.

Ich wurde dieses angeblich harmlose Irgendwas vier Tage später durch eine OP wieder los, bzw. die Folgen der nicht-behandelten Streptokokken. Ohne Antibiotikum fühlen sich diese Bakterien in einem menschlichen Hals ziemlich wohl, bauen manchmal zusätzlich so etwas wie Abszesse und fördern eine Blutvergiftung. Da das ab einem gewissen Grad recht gefährlich werden kann, sind so Dinge wie Jeans ausziehen und OP Hemd anziehen nicht mehr sonderlich wichtig. Zumindest nicht so wichtig wie das Ausfüllen aller notwendigen Formulare – so viel Zeit musste dann doch sein. Not-OP in Jeans stand übrigens ebenfalls nie auf meiner to-do-Liste, aber ich kann einen Haken dahinter setzen und dieses Buch hat ein Kapitel mehr.

Falls Sie einen vorwurfsvollen Ton in meinen Worten hören, interpretieren Sie meine Erzählungen falsch – was bei Geschriebenem schnell passieren kann. Deshalb an der Stelle der Hinweis, dass ich schon fast dankbar bin für die vielen Momente, an denen der Mensch menschlich ist. Und Deutschland an seiner Bürokratie festhält. So werden Geschichten geschrieben und Geschichten machen das Leben reicher. Vorausgesetzt es gibt – wie in meinem Fall – ein happy end. Und so manch lebenserfahrene Person würde vielleicht noch sagen: „Wer weiß, wofür es gut war?!"

Wie ich auf den OP Tisch kam? Zu meinem Glück hatte unsere Jüngste drei Tage nach Ostern einen Impftermin und unsere Kinderärztin war und ist sehr kompetent sowie aufmerksam. Sie stellte fest, dass ich nicht gut aussehe – so unhöflich ist sie normalerweise nicht, aber ich bin ihr für dieses nicht gerade Kompliment sogar sehr dankbar. Sie schaute in meinen Hals und machte einen Streptokokken Schnelltest, der positiv ausfiel. Dass mit dem nicht gut aussehen, machte sie auch schnell wieder wett, da sie eine ‚Patientenakte' für mich anlegte und in dem Zusammenhang anmerkte, dass ich als älteste Patientin mit 18 Jahren (die hatte ich schon zweimal hinter mir) noch in dieser Kinderarztpraxis durchgehen würde. Die Impfung unserer Tochter wurde verschoben, ich in ein Krankenhaus gebracht (eins ohne persönliche Vorerfahrung), wo ich nach der OP noch zwei Tage bleiben musste und im Anschluss sechs Wochen nichts heben durfte. Alle Mütter, die einmal gestillt haben, ahnen, dass das suboptimal war mit einem acht Wochen alten Baby. Das Antibiotikum wäre auf jeden Fall die bessere Alternative gewesen. Nicht nur für unsere Familie. Ich denke, unsere Krankenkasse hätte sicher auch lieber nur ein Antibiotikum bezahlt. Das komplette OP Bonuspaket war nicht günstig.

Aber vor allem dank meiner Hebamme wurde auch die Situation gemeistert. Das Vertrauen in einige Menschen wurde sehr gestärkt, das in DAS Krankenhaus verlor wichtige Prozentpunkte. Ich hatte eigentlich nicht vor, es zu überprüfen, aber es kommt nicht immer wie man es sich vorstellt. Wunschkonzert und Ponyhof sind halt nicht immer. Schutzengel aber sehr verlässlich, ganz lieben Dank an alle Schutzengel samt Helfer.

DAS Krankenhaus

Mal abgesehen von der holprigen Fahrt rückwärts liegend, die im Krankenwagen wohl immer inklusive ist, verlief die Fahrt doch recht reibungslos. Mein Transport bis in ein Behandlungszimmer glich jedoch einer Krankenhausführung, was ich bei einer ansteckenden Krankheit für relativ unglücklich halte. Durch den Haupteingang durch verschiedene Flure an gar nicht so wenigen Menschen vorbei – erstaunlich für die Uhrzeit – landete ich in einem Behandlungszimmer der Notaufnahme. Überraschenderweise war es wieder kalt, aber das schien der rote Faden der Nacht werden zu sollen. Alternativ kann das auch der Versuch gewesen sein, zu sehen wie eine vielleicht nicht so schwer verlaufende Covid19 Erkrankung in ihrem Werdegang verschlimmert werden kann. Man wusste ja noch nicht so viel über das neue Virus. Da helfen Experimente manchmal weiter. Was auch immer der Grund dafür gewesen sein mag, dass man mir eine Decke lange verweigerte, hilfreich war es nicht. Da lehne ich mich wohl nicht zu weit aus dem Fenster, wenn ich das behaupte. Auch für das, was folgte, braucht man kein Medizinstudium um zu wissen, dass die Abläufe hätten durchaus optimiert werden können.

Nach einer kurzen Überlegung, welcher Arzt denn nun am besten zu mir kommen sollte - zwischen der Notärztin und einer weiteren Person, wahrscheinlich einer Krankenschwester - entschied man sich, dass doch zunächst ein Chirurg die Platzwunden versorgen sollte. Ein Chirurg und eine Krankenschwester waren die, die meinem Gesicht wohl rein von der Entfernung gesehen, am nächsten kamen, da die Platzwunden oberhalb der Stirn waren. Ob sie die letzten Wochen die Medienberichte nicht verfolgt hatten oder gerne in Quarantäne wollten oder einfach ihr Glück auf die Probe stellen wollten, sei einmal dahin gestellt. Die ganze Behandlung dauerte auch länger als erwartet, da die Krankenschwester die größte Platzwunde, die definitiv ärztlich geschlossen werden musste, nicht fand. Nach einem Hinweis von mir, wo diese zu finden sei (mein Mann hatte mir noch auf der Treppe liegend verraten, wo ich ramponiert war), bekam ich die Antwort, dass man die Platzwunde dort nicht vermutet hatte. Da der getrocknete Blutstrom eine Spur auf meinem Kopf hinterlassen hatte und recht eindeutig war, muss ich als positiv denkender Mensch vermuten, dass man mich nur aufheitern wollte. Das wäre mit Inkompetenz gar nicht zu erklären. Da die Platzwunde mittlerweile verheilt ist, kann ich annehmen, dass man an dieser Stelle die Arbeit wohl hinbekommen hat. Die beiden waren also fertig mit säubern, desinfizieren der Wunden, kleben, nähen und was sonst noch so zu tun war und hatten damit beschlossen, dass ihr Job erledigt sei. Ein neues Team musste her, da der Grund meines Sturzes nicht geklärt war. Es folgten Menschen aus der Inneren und es wurde fleißig weiter alles dafür getan, dass ich in dieser Nacht einen Rundum-Check bekam – mit entscheidenden Lücken wohl gemerkt. Auf den Corona Test wurde verzichtet. Die Chance zum Superspreader zu werden, bekam ich als Extra sozusagen obendrauf, ganz ohne Anstrengung und vor allem ganz ohne Wille dazu. Als Privatpatientin erlebt man allerlei Sonderbehandlungen. Diese war mir neu. Die Erklärung, warum jetzt eine Ärztin der Inneren dazu geholt wurde, eröffnete sich mir nicht sofort. Die Erklärung folgte. Meine Kopfschmerzen und die Übelkeit konnten doch von einem Magen-Darm-Infekt herrühren, also Ultraschall des Bauchraumes. Ich bin kein Experte, aber eignet sich diese Untersuchungsmethode überhaupt für die Diagnose? Aber bevor es wieder heißt, dass ‚die Deutschen' immer nur alles in Frage stellen, besser wissen, pessimistisch sind, sich beschweren und undankbar sind, kann man natürlich auch sagen, die Ärzte waren nicht untätig. Für alle Lehrer, die dieses Buch lesen, nutze ich noch die Formulierung ‚sie waren stets bemüht' – das unterstelle ich jetzt einfach. Eine ganz persönliche Verschwörungstheorie wäre auch noch möglich, aber das ist mir als Variante schlichtweg zu anstrengend, also verwerfe ich diesen vielleicht sogar recht lustigen Ansatz direkt wieder. Und wenn man die Übelkeit unmittelbar mit dem Sturz in Verbindung gebracht hätte und vorschnell die Diagnose Gehirnerschütterung gestellt hätte, hätte ich im Nachhinein sagen können, dass sie sich dort in DIESEM Krankenhaus keine Mühe mit der Anamnese geben – nach meiner Erfahrung drei Jahre zuvor wollte man diesmal anscheinend auf Nummer sicher gehen. Aber im Bauchraum war alles unauffällig. Irrtum – ok, Hunger kann man wohl nicht sehen; alles funktionstüchtig und an der Stelle, wo es hingehört. Beruhigend, aber es hätte mich auch nicht gewundert, wenn ich in der Nacht eine Lösung für ein Problem bekommen hätte, von dem ich gar nicht wusste, dass ich es hatte. Im Detail weiß ich gar nicht mehr, welche Untersuchungen noch folgten und wer so alles mein Zimmer betreten hat um sich ein paar Corona Viren als Spontanimmunisierung durch akute Krankheit abzuholen.

Gegen fünf Uhr morgens entschied man sich, dass ich nach Hause könne. Auch hier sind viele Wege denkbar. 13 Kilometer joggen war aktuell nicht drin – ich hatte ja meine Laufschuhe nicht dabei. Barfuß spazierend soll unter gewissen Umständen gesund sein, schied aber verständlicherweise und ganz humorlos aus. Die Vorschläge der Ärztin lauteten, ich könne von meinem Mann abgeholt werden oder mir ein Taxi nehmen. Das Taxi fand ich als Idee zu meiner Erheiterung wieder fast absurd, da ich ja immer noch mein unverwechselbares Outfit anhatte, was weder öffentlich- noch wettertauglich war. Der Taxifahrer wird mich wohl auch nicht für die entgangenen Euro nebst Corona Infektion verklagen. Blieb mein Mann. Also brachte man mir ein Telefon und ich rief im fünf Minuten Takt zu Hause an. Telefon im Wohnzimmer, Mann oben im Schlafzimmer – nicht sonderlich kompatibel. Morgens um halb neun erreichte ich meinen Mann, der ziemlich verwundert nachfragte, ob ich wirklich abgeholt werden könne. „Ja", war meine Antwort „und bring mir bitte eine warme Jacke mit." Aufgrund der Corona Maßnahmen durfte mein Mann das Krankenhaus aber nicht betreten und ich ging so gut es ging unauffällig und mit möglichst viel Abstand zu allen quer durch das Krankenhaus von der Notaufnahme bis zum Haupteingang bzw. für mich Hauptausgang, und wenn sie mich fragen ein letztes Mal – mit einem 22 Jahre alten T-Shirt mit der Aufschrift „Filmriss", einer kurzen unfassbar unstylischen Hose und lila Crocs an den Füßen. Ja, lachen Sie ruhig. Das tue ich heute auch – und hoffe einfach, dass es keine schwerwiegenden Konsequenzen hatte. Ob ich eine Infektionskette losgetreten habe, werde ich nie erfahren. Ich als Sportlerin, die Wettkämpfe liebt, kann nur sagen, dass mir in der Anfangszeit der Corona Pandemie in Sachen Reproduktionswert wahrscheinlich keiner so leicht das Wasser reichen konnte. Da hat sich DAS Krankenhaus wirklich alle Mühe gegeben. Es gibt aber auch Rekorde, die man nicht brechen sollte und erst gar nicht versuchen sollte anzugehen. Gewinnen ist nicht immer gut oder um es mit einem bekannten und beliebten Motto zu beschreiben: Weniger ist manchmal mehr. Nur als Anregung für das nächste Mal.

Corona positiv und keiner weiß es

Wieder zu Hause telefonierte ich mit meinem Hausarzt, der sich recht fassungslos anhörte, was ich in der vorangegangenen Nacht erlebt hatte. Er riet mir dazu, zunächst einmal 48 Stunden liegen zu bleiben und zu beobachten, ob mein Dickschädel so hart war wie er schien. Ansonsten solle ich umgehend anrufen, also bei Symptomen wie Doppelbildern oder Übelkeit. 48 Stunden klangen furchtbar lang – Sie müssen wissen, ich bin und bleibe wohl auch ein doch sehr ungeduldiger Mensch. Hätte ich gewusst, was noch kommt, ich hätte für 48 Stunden sofort unterschrieben.

Mein Kopf schien es der Treppe wirklich nicht sonderlich übel genommen zu haben, war wenig nachtragend und erholte sich relativ schnell und gut. Gut sah ich aber wirklich nicht aus. Auf die unglaublich große Beule mitten auf meiner Stirn und die aufgeplatzte Lippe machte mich dann noch mein Mann aufmerksam. War in DEM Krankenhaus irgendwie niemandem aufgefallen oder jeder ging davon aus, dass irgendwer anders schon die undankbare Aufgabe übernehmen würde, mich über mein Aussehen aufzuklären. Einen Spiegel hatte ich nicht zu Gesicht bekommen oder unbewusst gemieden, ebenso möglich. Ich überlegte, ob ich weiter in so unmöglichen Klamotten herumlaufen sollte, um von dem Rest abzulenken. Klamotten kann man wechseln, ein Gesicht prägt sich ein und bleibt. Spaß beiseite. Mich bekam im Prinzip niemand zu Gesicht und Kinder lieben ihre Eltern glücklicherweise bedingungslos. Allerdings sind sie auch ehrlich. Da weiß man sein Äußeres nach überstandener Ausnahmesituation auch wieder mehr zu schätzen.

Zu meiner Erheiterung zu Hause gab mir DAS Krankenhaus noch einen, nennen wir es interessanten Entlassungsbrief mit. Der Treppensturz wurde nicht erwähnt, als Symptome wurden Übelkeit und Bauchschmerzen - hatte ich nie etwas von gesagt, weil ich zu keinem Zeitpunkt welche hatte - genannt, die Entlassungsdiagnose lautete beginnender viraler Infekt (ganz nebenbei ist Corona eine Viruserkrankung und von einem anderen viralen Infekt so ganz ohne Test gar nicht zu unterscheiden, in einer damals noch Epidemie oder vielleicht auch schon Pandemie aber ein entscheidender Faktor). Der für mich nachhaltigste Satz war die Formulierung „Patientin in gutem Allgemeinzustand". Von welchem Allgemeinzustand gehen die aus? Mein Allgemeinzustand ist in der Regel deutlich besser. Welche Textbausteine werden da nachts kopiert? Name und Geburtsdatum waren aber tatsächlich richtig. Sie schmunzeln? Ich hatte mal eine Schülerin, die hat bei einem Test- oder wie es heute so schön heißt einer Lernzielkontrolle - geschafft sogar den Namen der vermeintlich fehlerfrei informierten Tischnachbarin mit abzuschreiben. Also alles ist denkbar, gerade in einer Nacht, die ohnehin fast durchgängig kurios war. Das Kapitel mit DEM Krankenhaus ist aber für mich jetzt endgültig beendet. Vielleicht sollte ich neben meinem Organspende Ausweis einen Zettel in mein Portmonee legen, auf dem steht, dass ich unter keinen Umständen jemals wieder in DIESES Krankenhaus gebracht werden möchte.

Sechs Tage Isolationszimmer

Es wurde Donnerstag. Der Kopf war wieder in Betrieb. Jetzt kam aber der Husten. Und dieses Gefühl ordentlich krank zu sein hielt sich mittlerweile seit sechs Tagen. Mein Arzt riet mir zum Corona Test und ich machte einen Termin für den darauffolgenden Montag. Unglücklicherweise wartete die Atemnot nur noch bis Freitagabend, also bis zu dem Zeitpunkt, zu dem man natürlich nur mit einer Notaufnahme eines Krankenhauses weiter kommt. Sie können sich meine Freude vorstellen, da die letzte Erfahrung ja noch keine Woche alt war. Ich überlegte, aber klar war, alleine wird es schwierig. Ich entschied mich einen befreundeten Arzt anzurufen. Meine Schilderungen gefielen ihm nicht und er organisierte mir einen Krankentransport in das Krankenhaus, in dem er arbeitet. Klang ganz vernünftig. Meine Familie packte mir ein paar Sachen und ich zog mir diesmal etwas an, was keinen bleibenden Eindruck hinterlassen würde – der Bedarf an gestörter Intimsphäre war gedeckt. Ich wurde abgeholt und alle Beteiligten waren im Corona Modus. Im Krankenwagen wurde meine Sauerstoffsättigung gemessen und da dieser Wert definitiv nicht gut genug war für eine Therapie zu Hause, wollte man losfahren...in DAS Krankenhaus! Da ich nicht bewusstlos war, nicht an Demenz litt und auch keinen weiteren Versuch starten wollte, zu testen, ob jemand mir in DIESEM Krankenhaus helfen kann, weigerte ich mich vehement. 20 Minuten sollte es dauern bis alle verstanden hatten, dass es mir ernst war. Ein Telefonat mit dem Arzt, der alles organisiert hatte und der Aufforderung dorthin zu fahren, wo man auf mich wartete, ging es wieder rückwärts holprig schaukelnd ein zweites Mal innerhalb einer Woche in einem Krankenwagen in ein Krankenhaus. Wer schrieb da eigentlich im Hintergrund eine to do, to have oder was auch immer to... Liste, die ich wirklich nicht brauchte? Wem hatte ich was getan oder nennt man so etwas einfach Pech?

Wie auch immer. Ich landete in einem Isolationszimmer und nur eine Person betrat das Zimmer. Eine Ärztin, die alle notwendigen wie auch unangenehmen Untersuchungen (Haben sie schon einmal arterielles Blut abgenommen bekommen?) erledigte und sich alles anreichen ließ, was sie so benötigte. Voll vermummt, versteht sich. Alles hoch professionell. Aus sozialer Sicht war die Zeit dort sicher nur mit einem Stern zu bewerten, aber das war wohl der Preis für diese neue Krankheit. PCR-Test und CT waren sich einig: Covid19 inklusive Lungenentzündung. Weiblich, noch zu jung gehörend, sportlich ohne Vorerkrankungen etc....ich gehörte überhaupt nicht zu der Zielgruppe eines schwereren Verlaufs. Dieses neuartige Corona Virus hatte anscheinend gemeinsame Sache gemacht mit dem Infekt, den ich mir kurz vorher eingefangen hatte und wohl noch nicht ganz auskuriert hatte. So einfach wurde mein Immunsystem überlistet. Da wurde von den Viren ganz schön unfair gespielt, aber einen neutralen Schiedsrichter kann man da leider nicht erwarten.

Es war etwa ein Uhr nachts als ich in meine ,Zelle' geschoben wurde. Dauer des Aufenthaltes unklar. Da man mit meiner Entwicklung bis Sonntag nicht sonderlich zufrieden war, entschied man sich bei mir auch Malaria zu behandeln. Natürlich nicht, aber man hatte die Hoffnung, dass das Malaria Präparat Chloroquin auch dem Corona Virus etwas anhaben könne. Konnte es bei mir nicht, aber meinem Herz konnte es. Das EKG veränderte sich besorgniserregend und ich hatte das Gefühl, jetzt möchte ich mich nicht einmal mehr bewegen, wenn ich wirklich dringend auf die Toilette müsste. Es geht immer noch schlimmer. Das Medikament bekam ich somit nur einmal, dafür als Ersatz jetzt einen Monitor zur Dauerüberwachung und die Überlegung auf die Intensivstation verlegt werden zu müssen.

Einen Tag ging das so. Der Tag war im Nachhinein auch der Spannendste. Wenn es schon an Abwechslung mangelt, dann sucht man sich Alternativen. Die Nachrichten berichteten mittlerweile wenig Neues und abgesehen vom TV blieb mir zur Freizeitgestaltung lediglich schlafen oder Atemübungen. Weit weg von meinem gewohnten Alltag. Selbst duschen mache ich zu Hause häufiger. Ich konnte mein Sportlerherz damit stärken im Rennen des 100.000 Corona Patienten in Deutschland zu sein. Die Ehre gebührt auch nicht jedem. Allerdings kam niemand mit einem Blumenstrauß oder einem netten Gutschein für irgendetwas.

Der Monitor piepte ziemlich häufig, meistens weil der Grenzwert für den Blutdruck nicht optimal eingestellt war. Mein sehr niedriger Blutdruck überraschte schon manchen Arzt, aber der Monitor ging von einer Norm aus, der ich nicht entsprach. Somit gab es laufend Alarm. Bis ein Arzt diesen Wert individuell korrigierte, hatte ein Pfleger die grandiose Idee den Fernseher einfach lauter zu stellen und somit den Alarm zu übertönen. Lärm gehört nicht zur Gesundheitsförderung, meinte ich mal gehört zu haben. Aber wie bereits erwähnt, bin ich offen für Vieles. Aber hat der Alarm nicht auch seinen Sinn? Wenn der Kreislauf versagt ist es schwierig, den roten Knopf noch selbstständig zu drücken.

Was passierte sonst noch Interessantes? Neben meinem täglichen Highlight des Videochats mit meinen Kindern, konnte ich mich auf meine morgendliche Blutabnahme ebenso einstellen wie auf meine abendliche Anti-Thrombosespritze. Routine und Struktur hatte mein Tag also. Das Essen kam auch immer ziemlich pünktlich inklusive parallelem Fieber messen, Blutdruck checken und Co. Da so wenig Menschen wie möglich mein Zimmer betreten sollten und es auch immer ein gewisser Aufwand war, sich einzukleiden, musste jeder, der einmal drin war, möglichst viel erledigen. Das klappte meistens überraschend gut, aber es gab auch Pannen. Das erste Mal als ich Kortison inhalieren sollte, inhalierte ich Luft, weil man vergessen hatte, die Inhalationshilfe mit Wirkstoff zu füllen. Eine Infusion tränkte meinen Schlafanzug, weil die Nadel nicht in meinem Arm verankert worden war. Aber ich fühlte mich immer gut aufgehoben, auch wenn ich meinen Aufenthalt nicht verlängern wollte.

Obwohl mein Zustand nicht herausragend besser geworden war, bat ich vor Ostern bitte nach Hause zu dürfen. Nicht ganz begeistert, aber voller Verständnis stimmte man unter zwei Bedingungen zu. Zum einen sollte ich 24 Stunden ohne Sauerstoffschlauch in der Nase fertig werden ohne dass meine Sauerstoffsättigung abrutschte und zum anderen musste ich versprechen bei einer Verschlechterung sofort wieder zu kommen. Natürlich ließ ich mich darauf ein und am Karfreitag kam der Sondertransport nach Hause. Aus diesem Zimmer zu gehen, fühlte sich nach einer Woche sehr merkwürdig an.

Die Isolationshaft namens Quarantäne

Mein Bewegungsradius erweiterte sich ein wenig. Von einem Zimmer durfte ich den Rest meiner Quarantäne jetzt auf unserem Grundstück verbringen. Da ich nicht mehr ganz so kraftlos war und langsam aber sicher meine Kräfte wieder kamen, war dies auch wirklich ein Fortschritt. Ich konnte mir z.b. mal ganz selbstständig etwas aus dem Kühlschrank holen oder zur Abwechslung mit meinen Kindern Karten spielen oder eine Schublade sortieren, die aufgrund von Zeitmangel lange nicht mehr geöffnet worden war.

Zeit hat man in Quarantäne auf einmal ganz viel. Das ist aber der einzige positive Aspekt einer Quarantäne. „Öde ist es", trifft es ganz gut, besonders für die, die gar nicht krank sind. Immerhin waren wir zu fünft. Wobei drei Geschwister diesen ‚Vorteil' nicht vier Wochen als Vorteil ansehen, wenn sie nie auf Abstand gehen können, obwohl sie manchmal wollen und die Abwechslung fehlt. Kranke Eltern eignen sich auch nicht besonders gut als Entertainer. Ein Streit unter Geschwistern kann da zum echten Highlight eines Tages werden. Irgendwo musste man seine Energie und seinen Frust lassen.

In Quarantäne waren wir natürlich alle fünf. Wer von den anderen vieren auch das Corona Virus erwischt hatte, wissen wir nicht. Außer mir ist niemand getestet worden und abgesehen von Husten und Schüttelfrost bei meinem Mann, was für eine Infektion spricht, waren die drei Kinder zumindest symptomfrei.

Nicht einmal eine Radtour machen zu dürfen oder durch die Felder spazieren zu dürfen, ist auf Dauer zermürbend. Auch wenn Manche sagten, ich könne ja niemanden anstecken, wenn ich abends alleine im Feld spaziere, wollten wir nicht die Regeln brechen und hielten brav vier Wochen durch. Vier Wochen, weil das Gesundheitsamt das so beschlossen hatte.

Vier Wochen sind lang, vor allem, wenn sie eigentlich keine Stubenhocker und ganz besonders Sportfanatiker sind. An dem Wort 'vermissen' geht kein Weg vorbei. Und glauben sie mir, wenn sie vorher kein Bastelprofi gewesen sind, dann nutzen sie diese Zeit auch nicht einer zu werden. Idealisiert kann man diese Zeit sicher sinnvoll nutzen, in Wahrheit habe ich bisher niemanden getroffen, der sagt, prima, dass wir mal ein paar Wochen eingesperrt waren und wir die Sachen machen konnten, die bisher so unwichtig waren, dass wir sie bis dahin auch nicht gemacht haben. Sollten Sie einer Sache tatsächlich dann nachgehen, ist es wahrscheinlich nur von kurzer Dauer (oder Sie haben eine verborgene Leidenschaft lange verkümmern lassen). Trotzdem sollte man das Beste daraus machen, ändern kann man es eh nicht. Aber man sollte es sich nicht als erstrebenswert vorstellen. Wenn sie eine Auszeit brauchen, nehmen sie sich eine, irgendwie – warten sie nicht auf den Zwang. Nur so als Tipp...aber genug der Floskeln und Pauschalaussagen.

Kreativ wird man aber an der ein oder anderen Stelle schon. Wir hatten beispielsweise das Problem, den Kindern eine Theorie zu kreieren, die plausibel genug war um diese Magie rund um Ostern aufrecht zu erhalten und ihnen in den Tagen vor Ostern die Angst zu nehmen, dass der Osterhase ja genauso wenig zu uns darf wie alle anderen. Gut, dass wir einen Garten haben und nachts keiner guckt. Vielen Dank an der Stelle übrigens an alle Überraschungsosterhasen, von denen nicht einmal die Eltern wussten. (Stellen Sie sich hier einen Küsschen Smiley vor.) Und alle Angesprochenen fühlen sich aus der Ferne bitte ganz fest gedrückt!

Neben solchen Besonderheiten bin ich seitdem auch ganz fit in Sachen KIKA Sendungen. Anna stellt die wilden Tiere vor, Pia die wilde Natur, Wissen macht meistens Ah, Tobi und Julian checken Diverses und PUR+ - wie immer plus Eric – endet immer mit einem Lacher, weil es ‚Darth Vader privat' genauso gibt wie ‚Babsi mit Gilbärt'. Logo half uns zusätzlich ein wenig auf dem Laufenden zu bleiben. Ansonsten habe ich Tib und Tumtum und zoom, den weißen Delfin, kennen gelernt sowie Biene Maja und Lassie wieder entdeckt. Das soll als kleine Auswahl reichen. Keine Chance an den Medien vorbei zu kommen. Pädagogisch möglichst wertvoll und altersgerecht auswählen ist die Handlungsprämisse. Selbst Instagram hat da Potential.

Ein Problem in Gefangenschaft ist die fehlende Möglichkeit der Kinder sich auszupowern. Resultat am Abend: topfitte Kinder. Einen ruhigen Abend mit schlafenden Kindern können sie ähnlich wie andere hart antrainierte Rituale in der Tagesstruktur des ‚Alltags' vergessen. Prinzipien wie „es wird nicht auf der Couch gegessen" wurden verworfen. Der Neustart ist ein Jahr später noch nicht vollständig geglückt. Soweit ein paar Ausschnitte aus unserer Quarantäne Zeit.

Noch etwas zum Gesundheitsamt: Der erste Kontakt mit dem Gesundheitsamt erfolgte schriftlich. Ich lag bereits fünf Tage im

Krankenhaus als mein Mann mich anrief und mir mitteilte, dass ich mich unverzüglich in Quarantäne begeben sollte. Guter Vorschlag; dieser Brief diente wohl wieder meiner Erheiterung. Lachen ist schließlich gesund und das schien wirklich ein innovativer Therapieansatz zu sein. Immer wieder schaffte man es, mich zum Lachen zu bringen und gleichzeitig mir Aufgaben zu geben, damit mir auch nicht zu langweilig werden konnte. Das Gesundheitsamt musste informiert werden. Meine Annahme, mein positiver PCR-Test einige Tage zuvor würde seinen Weg schon einigermaßen zeitnah in das zuständige Gesundheitsamt finden, war falsch. Kontaktpersonen wurden gar nicht erst erfragt. Aber ich hatte ja viel Zeit, mich selbst zu kümmern.

Ich war jetzt offiziell in Quarantäne und hatte laut des Schreibens Kontakt zu einem auf das Corona Virus positiv getesteten Menschen. Ich habe keine Ahnung, wer dies gewesen sein soll und weiß auch bis heute nicht, bei wem ich mich angesteckt haben könnte. Durch meinen noch abklingenden Infekt hatte ich mich nicht viel in der Öffentlichkeit gezeigt, wir bewegten uns zudem im ersten Lockdown und somit gab es kaum Kontakte. Ein Einkauf im Supermarkt kam in Frage, ebenso ein Besuch beim Arzt oder vielleicht meine symptomfreien Kinder, die es am Ende doch als Erstes hatten…alles vielleicht. In meinem Freundes- und Bekanntenkreis gab es niemanden, der positiv getestet wurde, so dass es ein Rätsel bleiben wird. In meinem näheren Umfeld galt ich als Rarität. Für die meisten war ich die einzige, die man kannte, die es geschafft hatte, sich dieses Corona einzufangen. Glückwünsche wären wohl falsch an dieser Stelle. Die in dem Schreiben vom Gesundheitsamt erwähnte positiv getestete Person kann im Übrigen auch eine Person gewesen sein, die ich bei meinem kurzen ‚Ausflug' in DAS Krankenhaus angesteckt hatte. Zeitlich durchaus möglich. Das Schreiben hatte eventuell die Infektionskette rückwärts beschrieben.

Der weitere Kontakt mit dem Gesundheitsamt erfolgte telefonisch. Ich wurde regelmäßig, manchmal täglich, angerufen um sich zu erkundigen wie es um meine Symptome steht und welche Symptome ich denn so hatte. Vielleicht waren es auch Kontrollanrufe um zu sehen, ob ich mich auch an die Quarantäne halten würde. Was auch immer der Grund gewesen sein mag, irgendwann fragte ich mich, ob man nicht die wahrscheinlich handschriftlich geführten Listen zwischen den Büros auch einmal austauschen oder abgleichen konnte, damit ich nicht alles immer wieder erzählen musste. Die Sache mit der einheitlichen Software oder überhaupt Software ist, soweit ich weiß, auch ein Jahr später nicht geklärt.

Diese Telefonate hielten ihre Besonderheiten bereit. Es gab wohl eine Liste mit Symptomen, die vorgegeben oder erstellt worden war und diese Liste arbeitete man mit mir mehrfach durch. Man war kreativ und hatte Vieles in die Liste mit aufgenommen und so konnte ich bei bekannten und bei mir auch aufgetretenen Symptomen wie Husten, Fieber und Co. die Frage mit Ja beantworten, andere Dinge wie Magen-Darm- oder Hautprobleme konnte ich verneinen. Zum Ende eines Telefonats merkte ich an, dass ich auch an dem mittlerweile sehr häufig beobachteten Symptom der Geschmacklosigkeit litt bzw. im Anfangsstadium gelitten hatte. Man sagte mir, dass dies zwar viele berichten würden, aber dies nicht in der Tabelle stehen würde und es deshalb nicht notiert würde. Die Schlussfolgerungen überlasse ich Ihnen und die Fragezeichen, die sich sicher auch in Ihrem Kopf abbilden, kann ich Ihnen auch nicht nehmen.

Das nächste größere Problem war die Frage nach dem Ende der Quarantäne. DAS Virus gab noch viele Rätsel auf und keiner wusste so genau wie lange man denn so ansteckend sein konnte. Für die Kinder waren die zwei Wochen Standardquarantäne längst vorbei, aber ohne Eltern, die mit auf die Straße können, ist das für drei kleine – damals noch gerade drei, sechs und acht Jahre alt - recht unwesentlich. Da wir selbst nicht wussten wie man am besten mit der Situation umgeht, haben wir darauf verzichtet, andere Menschen um uns herum in die Kinderbetreuung mit einzubeziehen.

Meine Quarantäne sollte enden, wenn ich drei Tage symptomfrei war – soweit die Theorie. Nach drei Wochen gab es dann einen Anruf, der wieder der Nachfrage in Sachen Symptome diente. Da ich immer noch Husten hatte, war ich nicht symptomfrei. Der Amtsarzt am anderen Ende der Leitung entschied mich weitere fünf Tage in Quarantäne zu schicken. Einen Tag später rief ein anderer Zuständiger an (welch Bedeutung man hat, zeigt sich in der Anzahl der Personen, die für einen zuständig sind, oder?) und der Ablauf des Telefonats war der gleiche zum Vortag. Aber das Ergebnis unterschied sich. Diesmal wurde mir auferlegt, weitere sieben Tage in Quarantäne zu bleiben. Grundsätzlich ging es auch nicht um die einzelnen Tage am Ende, aber die Telefonate begannen anstrengend zu werden, salopp gesagt, es nervte mittlerweile. Nach Rücksprache mit einem Arzt wurde mir geraten beim nächsten Abklären zu behaupten, ich sei symptomfrei, um dieses Prozedere zu beenden. Natürlich muss ich nicht dazu sagen, dass wir uns einig waren, dass ich selbstverständlich so vernünftig war, meine Quarantäne de facto erst zu beenden, wenn ich mich drei Tage wieder gesund fühlte. Gesagt, getan. Das Gesundheitsamt war ich los. Es brachte ja auch keiner der beiden Seiten noch irgendetwas.

Dass von mir schon länger keine Gefahr mehr ausging, die Ansteckungsgefahr bereits gebannt war, fand man erst Monate später heraus. Eine der ersten zu sein, lohnt nicht immer. Quarantäne und die Dauer im Allgemeinen wie im Einzelnen wurden in den folgenden Monaten zu einem interessanten Thema mit wechselnden Vorgaben. Aber mit gut vier Wochen war ich hier auch rekordverdächtig. Wieder nicht erstrebenswert, diesen zu brechen. Ich hoffe inständig, dass ich überhaupt keine Wiederholung der Quarantäne erleben muss. Einmal reicht, lässt es sich gut zusammenfassen.

Es ist ein unbeschreibliches Gefühl nach einer gewissen Zeit, gefühlt viel länger als tatsächlich, wieder seinen Aktionsradius vergrößern zu können. Unsere Mittlere versuchte zu beschreiben wie seltsam es sich anfühlte, wieder durch den Ort zu fahren. Sie fand aber keine Worte.

Lockdown für Anfänger

Wie fühlte sich das Leben mittlerweile draußen, außerhalb der eigenen vier Wände an? Was hatte sich verändert?

Das Leben hält nicht nur schöne Überraschungen bereit. Eine ganz neue Erfahrung war es für die Menschen in Westeuropa in ihren Grundrechten eingeschränkt zu sein. Und es gibt viele Wege damit umzugehen. Im ersten Lockdown, besonders am Anfang, hielten nicht nur wir diese Phase für kurz und gingen davon aus, dass spätestens im Sommer alles wieder ziemlich normal sein würde. Virologen hielt man für chronische Pessimisten und es gab auch noch viele Sprüche, die man ein Jahr später nicht mehr belächelt hat. Der erste Lockdown war geprägt von wenig Struktur, Naivität, try and error Mentalität und dem Gedanken, dass man lediglich ein paar Wochen das soziale Leben ein wenig herunterfahren müsse um wieder in der gewohnten Normalität anzukommen. Alles andere war jenseits der Vorstellungskraft oder wie man fälschlicherweise annahm, etwas für kreative Schriftsteller, etwas für die ganz phantasievollen Köpfe.

Im Kreis Heinsberg erlebten wir alles mit ein wenig Vorsprung und nahmen zu Beginn eine Sonderrolle ein. Dazu kam das Motto „#HSbestrong" und ein Landrat, der mit täglichen Videos alle Heinsberger auf dem Laufenden des Unglaublichen hielt. Trotzdem blieb es eine Zeit lang völlig unrealistisch, wie in einem Film. Aber die Pandemie nahm ihren Lauf. Es wurde ein Marathon.

Ende April kam nach verschiedenen ersten Einschränkungen wie Schließungen bestimmter öffentlicher Räume die Maskenpflicht. Der Nutzen der Masken war offiziell nicht bekannt bzw. nicht wissenschaftlich bestätigt, aber das größere Problem war eher die Maskenknappheit, die wohl zunächst die Maskenpflicht verhinderte. Was nicht da ist, kann man nicht nutzen. Irgendwann waren sie da und damit der neue Trend. Ein neues Kleidungsstück für das Gesicht. Ein Accessoire, das in keiner Hand-, Einkaufs- oder Sporttasche mehr fehlen durfte. Der medizinische Nutzen war das eine, aber wenn man schon das halbe Gesicht mit Stoff verdecken musste, dann sollte das einen ja nicht hässlicher machen. Ab Mai hatte man die Qual der Wahl. Einfarbig in rot ganz nach dem Style Sonnenbrand, mit Muster wie ein Zebra oder Status Windpocken erkrankt, als Werbeplakat für diverse Unternehmen, als Rahmen für ein Foto – alles wurde probiert und getragen. Unzählige Ideen und Preisklassen fanden ihre Abnehmer. Mit der Zeit wurden bestimmte Modelle wieder gewechselt, weil neben dem Aussehen auffiel, dass die Tragbarkeit eben auch vom Stoff und der Befestigung am Kopf abhing. Ohren schmerzten bei längerem Tragen, von Atemluft getränkte Masken trockneten die darunterliegende Haut aus und zu dicker Stoff sorgte dafür, dass man seinen eigenen Atem zu intensiv miterleben musste. Alles war neu und nichts war einfach. Aber alle Probleme diesbezüglich konnten durch verschiedenste Ideen vereinfacht werden. Die Accessoires für das Accessoire wurden entwickelt.

Ich für meinen Teil kann sagen, dass ich mich doch recht schnell an das Tragen der Maske gewöhnte und sie wie selbstverständlich schnell auch nicht mehr vergaß einzupacken. Ich hatte das große Glück, die Mund-Nasen-Bedeckung – wie es korrekt heißt

– nicht den ganzen Tag tragen zu müssen und lediglich für Einkäufe oder als Einlasskriterium in die Schule, beim Arzt o.ä. aufsetzen zu müssen.

Einmal musste ich bei einem Drogeriemarkt, verkleidet wie jemand, der den Markt überfallen möchte, schnell an der Kasse eine Maske kaufen um dann in Ruhe einkaufen gehen zu können. Ein weiteres Mal musste ich vor der Bäckerei bei uns im Dorf stehend mit dem Rad noch einmal nach Hause fahren, weil ich am Fahrrad noch keine Maske hängen hatte. Das waren aber die einzigen zwei Male, bei denen ich sie vergessen hatte einzupacken und keine Alternative parat war.

Die Handtasche der Frau – ich besitze übrigens keine, keine Handtasche meine ich - war um eine Besonderheit reicher, genauso wie das Handschuhfach im Auto. Die meisten hingen ihre Masken im Auto aber irgendwann nur noch dahin, wo früher Schutzengel oder Gebasteltes der Kinder hing, an den Spiegel. Schnell griffbereit und hygienisch korrekt aufbewahrt eben. Die Maske hatte es auf die VIP oder besser VIT Liste geschafft, zusammen mit Schlüssel, Portmonee und Handy.

Als der erste Termin anstand, an dem unsere Kinder eine Maske brauchten, war es Anfang Mai. Seit dem 27.April 2020 gab es die Maskenpflicht in bestimmten Bereichen für alle Erwachsenen und für Kinder ab dem Schulalter. Präsenzunterricht gab es quasi nicht, mal abgesehen von einzelnen Tagen zwischen Oster- und Sommerferien und Maske tragen in der Grundschule war kein Thema. Der Aktionsbereich der Kinder war mittlerweile überschaubar, so dass ich davon ausging, dass es reichen würde, sich EINE Maske pro Kind von einer Freundin in einer von den einzelnen Kindern bevorzugten Farbe nähen zu lassen. Eine grüne für unseren achtjährigen Borussia Mönchengladbach Fan, eine pinke mit weißen Punkten für die stolze Erstklässlerin und ein niedliches Eulenmuster für unsere Kleinste. Unser Kindergartenkind brauchte mit drei Jahren keine Maske, verstand den Vorteil aber natürlich nicht und bestand der fairnesshalber darauf auch eine zu bekommen, die sogar mit Begeisterung zu Hause oder beim Einkauf getragen wurde. Die Attraktivität ging aber mit der Zeit verständlicherweise verloren. Der Reiz des Neuen bleibt halt, wie die Redewendung schon sagt, nicht lange. Dass ich ein Jahr später ein Arsenal an unterschiedlichsten Masken in verschiedensten Behältern samt Ersatzdosen und -masken in den Tornistern, Sporttaschen, im Auto, an der Garderobe, in der Wäsche usw. haben würde, war undenkbar.

Es dauerte nur bis zum Sommer bis auch die Puppe unserer Mittleren einen Mundschutz von der Oma ihrer Freundin genäht bekam und im Winter fragte mein Sohn wieso es noch keinen Mundschutz für die Playmobil Figuren gäbe.

Die Bedeutung der Masken änderte sich für Grundschüler im Laufe der Pandemie häufiger. Im ersten Lockdown wurden Kinder in der Schule von der Maskenpflicht ausgenommen, im zweiten Lockdown gab es eine eingeschränkte Maskenpflicht (außer am Sitzplatz in der Klasse musste eine Maske getragen werden) und im dritten Lockdown galt die Maskenpflicht auch für die Grundschüler im Wechselunterricht die gesamte Zeit, die man sich auf dem Schulgelände und im Schulgebäude aufhielt, inklusive des Sportunterrichts. Zudem wurden bei den Kleinen zu diesem Zeitpunkt zwar Stoffmasken noch toleriert, aber OP- oder FFP2 Masken – wie sie den Erwachsenen mittlerweile vorgeschrieben waren – empfohlen. Die Kurzgeschichte Corona wurde zur mindestens Trilogie, die den Alltag durch und durch prägte. Aber soweit sind wir noch nicht.

Der erste Lockdown war bei uns zunächst wirklich geprägt durch die Schließung der Schulen und Kitas. Sport ging noch eine Weile, einkaufen und Co. auch. Nur der Kreis Heinsberg konnte einem zum Verhängnis werden. Als Sport in den Nachbarkreisen noch ging, durften die Kinder aus dem Kreis Heinsberg aber nicht kommen, was unsere Mittlere schwer traf, die in einem Leistungszentrum in Krefeld turnt. Mit dem Auto in einen Nachbarkreis fahren um dort Einkäufe zu erledigen oder andere Termine wahrzunehmen, war keine gute Idee. Es sei denn, man hatte ein Auto mit einem anderen Ortskennzeichen. ,HS' im Nummernschild wurde nicht gerne gesehen. Mit ,ERK' und vor allem ,VIE' konnten wir uns aber noch ganz gut bewegen. Ein Glück, dass man seit einigen Jahren das Auto nach einem Umzug nicht mehr ummelden muss und eines unserer zwei Autos zudem schon recht alt ist.

Es wurde zwischenzeitlich ziemlich irrational. Menschen erzählten, sie hätten ein mulmiges Gefühl, wenn sie durch den Kreis Heinsberg fahren würden. Die unsichtbare Wand, die den Virus aufhalten sollte, war aber wie erwartet nicht brauchbar und so dauerte es nicht lange bis es Coronafälle in nahezu sämtlichen Städten und Kreisen Deutschlands gab, präziser ausgedrückt weltweit. Kurz darauf war hier in Reichweite – unabhängig vom Kreis – nicht mehr viel möglich.

Sport wurde ebenso wie das Lernen auf zu Hause verlegt. Lehrer wie Schüler waren vor ganz neue Herausforderungen gestellt und meisterten die Aufgabe teilweise sehr gut, jedoch gab es da große Unterschiede. Nicht alle verdienten sich die Note eins. Neben den fehlenden oder erst einzurichtenden technischen Voraussetzungen war die Aufgabe klar. Unterricht muss weitergehen, aber die Schüler waren halt nicht mehr da bzw. alle waren zu Hause. Kniffelig zu lösen, wenn es diese Idee zuvor quasi noch gar nicht gegeben hat. Das Home Schooling wird in späteren Kapiteln noch mehr Beachtung finden.

Was machten die Vereine? Engagierte Trainer versuchten mit Training via Videokonferenz sowie mit abwechslungsreichen und herausfordernden Challenges, ebenfalls per Video oder padlet, die Motivation aufrecht zu erhalten, die Bewegung in den Corona Alltag zu integrieren und den Kontakt nicht abbrechen zu lassen. Ich kann natürlich nur von den Trainern sprechen, die unsere Kinder trainierten bzw. von dem, was man so aus dem unmittelbaren Umfeld mitbekam. Das Glück war sicher nicht gleich verteilt. Wir konnten jedenfalls nicht klagen. Unser Glas war definitiv eher halb voll als halb leer. Wir versuchten die digitalen Angebote umzusetzen. Auch wenn insbesondere die Kinder damit nicht glücklich waren, es gab zu diesem Zeitpunkt keine anderen Möglichkeiten. ‚Besser als nix' war das Motto.

Treffen fanden ebenfalls drastisch reduziert und fast immer am gleichen Ort statt - per Videoanruf aus dem Büro, dem Wohnzimmer oder einem anderen Zimmer, selten aus dem Bad. Auch eine Form der Abwechslung. Insbesondere der Kontakt zu den Großeltern der Kinder wurde sehr schnell ausschließlich auf den Bildschirm verlagert.

Irgendwann im Frühjahr 2020 war klar, alleine und am besten zu Hause ist man gesünder – für eine kurze Dauer vielleicht der richtige Ansatz. Corona ist aber nicht die einzige Gefahr, die den Menschen als soziales Wesen treffen kann. So wurden die Kollateralschäden zunächst klein geredet oder in der Priorität nach hinten geschoben. Verschobene Operationen waren für den Einzelnen aber schon zu Beginn der Pandemie gegebenenfalls fatal, kurzfristige Schließungen für Manche existenziell und psychische Schäden bei Kindern nahmen ebenfalls ihren Anfang. Im Konkreten ging dieser Kelch aber glücklicherweise an uns vorbei und wir jammerten, wie man so schön sagt, auf einem recht hohen Niveau. Aber auch ohne die ganz große Katastrophe war es hart. Wir mussten uns immerhin - nicht lediglich nur - an einen völlig neuen Alltag gewöhnen.

Es gab wenig zu erleben. Ausflüge kamen kaum noch vor. Es gab zwar immer wieder kreative Ideen, von denen wir sicherlich auch mal profitierten wie die Form des Autokonzertes, was wir einmal ausprobierten. Und natürlich möchte ich diese Erinnerung als unsere drei Kinder zu Volker Rosins „Mama Laudaaa" auf dem Autodach sitzend mitsangen oder unsere Kleinste auf dem Fahrersitz zu „Familie Hai" tanzt nicht mehr missen, aber den Grund dafür schon.

Bis auf Geschäfte, die Dinge für den täglichen Bedarf verkauften, musste nach und nach nahezu alles in Zwangsurlaub gehen. Diskussionen, ob Möbel- und Autohäuser lebensnotwendige Dinge verkaufen, beherrschten so manche Nachrichtenmeldung. Der Teufel lag im Detail und so gab es manche Überraschungen als Leckerli für die, die es brauchten. Manche hatten eben eine Lobby und andere eben nicht. Insgesamt wurde es still auf den Straßen und in den Städten. Die Stauschau im Radio gab es quasi gar nicht mehr. Ausschlafen war fast täglich möglich – wurde aber meist nicht genutzt, und zusätzlich entfielen auch die Räume für Mama, aber nicht als Mama, sondern für mich, in denen ich meine Angelegenheiten und Arbeiten in Ruhe erledigen konnte. Für mich gab es nur noch die Rolle der Mama. Verstehen Sie mich nicht falsch. Ich bin von Herzen gerne Mama und sich für diese drei Kinder zu entscheiden, waren die besten Entscheidungen meines Lebens, aber egal, welcher Leidenschaft man nachgeht oder wie gerne man etwas ist oder tut, ohne. Pausen wird es auch Tiefen geben. 24/7 Kinderbetreuung war die Devise und die drei wechselten sich wie abgesprochen in ihren Bedürfnissen, Anliegen und Hilfegesuchen so gut ab, dass ich vergeblich versuchte fünf Minuten für mich zu sein. Klappte dies überraschenderweise zufällig einmal, war man darauf nicht gefasst. Immer rechnete man damit, gerufen zu werden, was auch einfach oft passierte. Permanent in Alarmbereitschaft zu sein ist anstrengend und dazu oft einen ‚Einsatz' zu haben auch. Meistens musste eine frisch blutende Wunde immer genau dann versorgt werden, wenn Mama gerade unter der Dusche stand. Eine Home Schooling Aufgabe wurde immer dann gar nicht verstanden, wenn das Essen am leichtesten überkochen konnte und Einschlafen der Kinder ging immer dann besonders schlecht, wenn die Küche vom Tag noch außergewöhnlich schlimm aussah und die Arbeit sehr deutlich nach einem rief. Küche reinigen erst um zwölf Uhr nachts macht keinen Spaß, das versteht denke ich jeder. Von diesen und ähnlichen Momenten gab es viele. Ich kann nicht leugnen, dass dies zu einer gewissen inneren Anspannung führte. Es fehlten die Auszeiten. Nerven wie Drahtseile hatte ich in dieser Zeit sicher nicht. Da war ich bestimmt nicht allein. Geteiltes Leid ist halbes Leid? Schwierig, dies zu diesem Zeitpunkt so zu sehen. Dazu kam das Gefühl, sich rechtfertigen zu müssen und vor allem nicht klagen zu dürfen, weil es einem ja offensichtlich den Umständen entsprechend ziemlich gut ging.

Natürlich ist da auch etwas dran, half aber nicht in jedem Moment weiter, wenn es gerade einfach mal nicht mehr (gut) ging.

Immerhin konnte ich meinen beruflichen Wiedereinstieg um ein Jahr schieben, so dass zumindest diese Sorge mit all dem, was dran hing - bei uns in erster Linie die Frage nach der Kinderbetreuung - entfiel. Im Kreis Heinsberg gab es im ersten Lockdown nicht einmal eine Notbetreuung. Ich ziehe meinen Hut vor allen berufstätigen Eltern, die dies mit teilweise extrem kreativen Lösungen gemanagt haben. Ich kenne allerdings keinen, der dieser Zeit hinterher trauert. Einfach war es so gar nicht.

Mein Leben bestand zeitweise wirklich ausschließlich aus Kinderbetreuung. Aber was sollten die Kinder anderes machen? Sie hatten ja nur noch die Eltern als Ansprechpartner. Mamas und Papas wurden zu Großelternersatz, Lehrern, Freundersatz, Hobbyersatz und was sonst noch alles, während die Kids zeitgleich auch mehr Bedarf hatten, denn ihr Leben hatte sich ja gleichermaßen schlagartig und gravierend geändert.

Sie waren wie aus dem Nichts, ohne das sie die Chance hatten es richtig zu verstehen, aus ihrem gewohnten und bei uns auch geliebten Alltag gerissen worden. „Ich will doch einfach mal wieder Oma drücken!" waren nicht die einzigen Worte, die schlichtweg herzzerreißend waren.

Zwischen den Matheaufgaben in der Pause mit den Freunden fangen spielen, danach wieder im Unterricht sich zuzwinkern um irgendwelche Informationen auszutauschen, nachmittags beim Fußball auspowern oder oder oder. Auf einmal saßen die Kinder stundenlang alleine am Tisch und sollten motiviert und engagiert einfach weiter machen mit den Schulaufgaben, ohne

Ausgleich und die kleinen Freuden, die die Tage sonst so mit sich brachten. Das konnte nicht funktionieren. Und als Eltern sollte man auf der einen Seite trösten, Verständnis zeigen und auf der anderen Seite den Lehrer spielen, der den Stoff durchbringen muss. Alles sollte man auffangen. (Man ist in diesem Buch häufig ein Synonym für Mama/Eltern. Es half mir manchmal in dieser Form über das Erlebte zu schreiben. Nur zum besseren Verständnis.) Alles, was normalerweise auf mehrere Köpfe verteilt war. Ich fühlte mich wie in einem Ein-Mann- bzw. in meinem Fall wie in einem Ein-Frau-Theater – nur dass die vielen Rollen, die ich jeden Tag alle spielen musste, mich gnadenlos überforderten. Es gab aber einfach nicht die Chance, Aufgaben zu verteilen oder zumindest zeitweise abzugeben.

Was dieser Entzug der so wichtigen Bezugspersonen für die Kinder bedeutete, zeigt vielleicht das Beispiel von dem Tag als sich die Klassenlehrerin unserer Tochter entschloss nach Wochen des Nicht-Sehens jeden ihrer Schüler einmal zu besuchen, an der Tür mit Abstand natürlich, aber face to face. Unsere Tochter war unglaublich aufgeregt und machte sich für diese paar Minuten sogar schick, weil es schlichtweg ein ganz außergewöhnlicher Moment war. Sie freute sich so sehr, als stünden alle ihre Freunde zur Geburtstagsfeier oder das Christkind vor der Tür. So erging es nicht nur unserer Tochter. Die Erzählungen anderer Mütter klangen ähnlich. Die Klassenlehrerin einige Minuten zu sehen, war eine kaum in Worte zu fassende Besonderheit. Die eigentliche Normalität war so unglaublich und so unfassbar – im wahrsten Sinne des Wortes - weit weg.

Grundschüler haben oft ein sehr enges Verhältnis zu ihren Klassenlehrern, für Erstklässler ist diese Person vielleicht noch bedeutender. Die Klassenlehrerin unserer Tochter machte ihren Job zudem so großartig, dass sie dadurch noch mehr fehlte. Klingt paradox, aber wenn zu Ostern Post von der Klassenlehrerin kommt und auch sonst der Lockdown von ihr versucht wurde so angenehm – wenn man überhaupt von angenehm sprechen kann - wie möglich zu gestalten, durch regelmäßige Post, Fotos, Ideen und Ähnlichem – neben den motivierenden Wochenplänen samt Belohnung - dann fällt die Situation noch schwerer. Denn die tägliche Nähe, das Gemeinsame, konnte sie nicht ersetzen. Aber natürlich sind wir ihr immens dankbar für ihre Art und all die Dinge, die sie für die Kinder getan hat. Eine weitere Heldin in dieser Zeit. Aber nicht nur in der Pandemie sind wir froh, solche Menschen als wichtige Wegbegleiter unserer Kinder zu haben. Ganz lieben Dank kann man hier ruhig mal sagen!

Neben dieser wohl größten Herausforderung ‚Kinder' für mich ganz persönlich – täglich, ohne einen Anspruch auf Urlaub oder Überstundenabbau - gab es weitere, die teilweise lächerlich klingen, aber eben auch von so einer Bedeutung waren, dass die Medien nicht daran vorbei kamen und es einfach irgendwie Thema war. Das Besorgen von Toilettenpapier war in dieser Phase so etwas, ein schweres Unterfangen. Hamsterkäufe das mit am meisten genannte Wort in den Nachrichten. Als Geschichtslehrerin hätte ich sagen können, so etwas nennt man handlungsorientierten Unterricht. So muss es in der DDR gewesen sein, wenn man gerne einen Kuchen backen wollte, aber kein Mehl in den Regalen stand. Unsere Lebenswelt war eher dadurch geprägt, dass jederzeit alles verfügbar war. Ganz neue Erfahrungen wurden gemacht.

Ungewohnte Situationen lösen merkwürdige Handlungsweisen aus. Vieles wurde leer gekauft, teilweise fuhr man dafür weiter als die üblichen Einkaufsrouten. Toilettenpapier war aber sogar überregional kaum zu erwerben. Sicher kann man hier nicht pauschal urteilen, nur wenige Rückschlüsse ziehen und jeder Jeck anders, wie der Kölner sagen würde, aber spekuliert wurde viel. Ich hatte in den Medien einmal die interessante These gehört (ich weiß gar nicht so genau, ob es eine These war oder auf welcher Datenbasis diese Aussage fußte), dass die Franzosen in der Krise Wein und Kondome kaufen und die Deutschen Toilettenpapier. Ich hoffe nicht, dass das grundsätzlich der Wahrheit entspricht und möchte auch nicht konkret darüber nachdenken, welche Schlussfolgerungen man daraus ziehen könnte. Aber für ein Schmunzeln hat es bei mir schon gesorgt.

Als es wieder ausreichend Toilettenpapier zu kaufen gab, fühlte man sich trotzdem fast ertappt, wenn man welches kaufte. Nicht, dass noch jemand anfing zu glauben, man gehöre zu diesen Hamsterkäufern. Über das Toilettenpapier wurde noch lange Witze gemacht als es längst wieder verfügbar war – u.a. weil viel mehr produziert wurde. Und alternative Nutzungsmöglichkeiten für Toilettenpapier wurden per unzählige Videos durch sämtliche soziale Medien gepostet. Besonders für den Sport zu Hause fanden sich viele Einsatzmöglichkeiten als Ball- oder Hütchenersatz, Torpfosten oder Jonglierbälle. Der Kreativität war an vielen Stellen keine Grenzen gesetzt. Das hatte Corona auch geschafft. Warum ausgerechnet das Toilettenpapier? Das Toilettenpapier eignete sich einfach besser bzw. hatte schlichtweg mehr Satirepotential als Nudeln, Mehl, Hefe und Co., was zeitweise ähnlich schwierig zu ergattern war.

Wir haben es tatsächlich ohne Hamsterkäufe geschafft, nie ganz ohne zu sein, wobei es einmal aber wirklich eng wurde und ich bei meinen Eltern schon Toilettenpapier reserviert hatte für den Fall der Fälle. Wir durften als Fünf-Personen-Haushalt genauso viel oder wenig kaufen wie ein Single Haushalt. Das war einheitlich reglementiert. Aber es ist alles gut gegangen und wir haben den Kindern auch nie sagen müssen, dass sie pro Tag nur maximal zweimal auf die Toilette gehen können – und dass ganz ohne die Blätter aus dem Garten. Herrlich, welches Kopfkino sich zwischenzeitlich abspielte. Langweilig wurde es so aber immerhin nicht.

Ein weiteres großes Thema im ersten Lockdown war Deutschlands Hobby Nummer 1. Da wir sehr fußballbegeistert sind, waren wir mittendrin in der Diskussion um das Recht der Profi-Fußballer eine Sonderrolle in der Pandemie einnehmen zu dürfen. Um das aber nicht zu sehr auszuweiten, denn dazu gibt es wahrscheinlich fast so viele Meinungen wie es Bundestrainer, äh Menschen gibt, nur die Bemerkung, dass sky ein neues Abo Mitglied bekam und die TV-Fußballstunden stark an Bedeutung gewannen in der gesamten Pandemie Zeit. Wir wurden außerdem zu Experten auch anderer Ligen und Pokalwettbewerbe, die bisher bei uns nicht den Stellenwert der Bundesliga erreicht hatten. Dazu unsere Borussia in der Champions League, sogar im Achtelfinale. Es gab also auch positive Nachrichten in der Zeit - wenn man verdrängte, dass die historischen Spiele ohne Zuschauer stattfanden. Man konnte sich auf etwas freuen. Ablenkung war es allemal, wenn auch wir nicht alles unreflektiert abnickten, was in dem Rahmen passierte. Es gab viele TV-Fußballabende, weil es sonst nahezu nichts mehr gab (schon gar nicht außerhalb der eigenen vier Wände), uns zudem die Ideen auch mit der Zeit ausgingen, und wir nun mal nicht früh raus mussten – somit übrigens meistens zusammen mit den Kindern guckten oder zumindest mit ein bis zwei von den dreien. Es blieb nicht bei einer Saison.

Soweit Teil 1 von einer Serie, von der es eigentlich keiner Fortsetzung bedurft hätte. Abschließend konnte man schon nach der ersten Lockdown Phase sagen, dass es ein paar Gewinner und mehr Verlierer in diesen Wochen gab.

Freigang im Sommer, aber mit Bewährungsauflagen

Es ist Sommer 2020. Corona nicht weg, aber wenig präsent. Die Zahlen niedrig und Vieles möglich, wenn auch mit Einschränkungen. Man konnte klagen über das Maske tragen bei 30 Grad z.B., aber ansonsten fühlte es sich fast wieder nach Normalität an – wenn man, wie viele Politiker anscheinend auch, die Virologen einfach überhörte bzw. ignorierte. Was bleibt in der Erinnerung sind immerhin zwei halbwegs normale Schulwochen vor den Sommerferien, ein Kindergarten im eingeschränkten Regelbetrieb (diese Wortkreationen sind ein Geschenk für jeden, der Deutsch als Fremdsprache abspeichert), der nicht wirklich eingeschränkte und offene Schwimmbäder, Freizeitparks und Co. mit festgelegten Personenzahlen pro Quadratmeter, die meist online gebucht werden sollten oder teilweise mussten. Hinzu kamen unzählige Zettel, die ausgefüllt werden wollten, wenn man z.b. in der Stammpizzaria essen wollte, inklusive maximaler Essenspartner, wenn es keine Familienfeier war…dann ging wieder etwas mehr. Aber die meisten wirkten zufrieden und hatten sich wieder an das Jammern auf hohem Niveau gewöhnt. Somit sah auch keiner die Veranlassung sich für einen eventuellen Rückschlag, genannt zweite Welle, vorzubereiten. Hat doch alles prima geklappt im Frühjahr, klappt bestimmt zufällig wieder super.

Nur in Sachen Schule lief es suboptimal. Fragen sie mal Personen aus den Schulleitungen dieses Landes wie sie das Wort rechtzeitig definieren würden. Über das Thema Schule und Bildung in der Corona Zeit lässt sich ein ganz eigenes Buch schreiben. Aber die Anzahl der Seiten dieses Buches sollen ja nicht den Umfang einer Enzyklopädie bekommen. Somit kürze ich an dieser wirklich interessanten Stelle einfach und überlasse anderen dieses Feld. Allerdings lässt sich am Beispiel der Kommunikation der zuständigen Stellen untereinander am besten schildern wie langfristig geplant wurde. Beziehungsweise, wenn man das schon nicht konnte, weil man sich auf die Modellierung der Wissenschaft nicht verlassen wollte, wie kein Plan B, oder ein Konzept für den Fall oder wie auch immer man es nennen mag, entworfen wurde. Dazu komme ich aber in einem späteren Kapitel noch, da es erst im Lockdown der zweiten Welle wirklich aufregend wurde. Wir lebten von Ende Februar bis Ende Juni lediglich damit in zwei Wochen Abständen über die folgenden zwei Wochen informiert zu werden. Meistens wurde einfach kurzfristig am Ende einer Periode mitgeteilt, dass die Schulen und Kindergärten weiter geschlossen bleiben und wir das mittlerweile gut organisierte analoge Lernen auf Distanz weiter praktizieren mussten. Ungläubigkeit bei den ersten beiden Wiederholungen wich dann der Akzeptanz – alles andere als eine Fortsetzung des Bestehenden hätte irgendwann große Verwunderung ausgelöst, spätestens ab Ostern. Die kleinen Veränderungen später, wie einmal in der Woche für zwei Stunden zur Schule zu dürfen, nahm man recht teilnahmslos zur Kenntnis und organisierte so gut man konnte. So war es im Großen und Ganzen bei uns. Es gab einen Corona Alltag – einen vor den Sommerferien und einen nach den Sommerferien.

Meine Infektion war mittlerweile drei Monate her und meine Kontrolluntersuchung stand an. Ich fieberte fast schon auf den

12.Juli hin. Meine Lunge wurde gecheckt, mein Blut untersucht und Fragen wurden gestellt. Mir ging es gefühlt wieder sehr gut. Lediglich bei höherer Luftfeuchtigkeit hatte ich das Gefühl noch nicht optimal Luft zu bekommen. Sport machte ich allerdings noch recht wenig. Nach der Untersuchung stand fest, meine Lunge sieht aus wie sie aussehen soll nach vier Jahrzehnten, meine Blutwerte waren in einem guten Rahmen. Mein Lungenvolumen hatte aber noch nicht ganz die volle Leistungsfähigkeit wieder erlangt. Es fehlten auch nach drei Monaten noch ein paar Prozent, aber selbst der Wert lag schon wieder bei über 100 Prozent (im Vergleich zum Durchschnitt meiner Vergleichsgruppe). Also dachte ich, das wäre geschafft. Mein Lungenfacharzt riet mir aber leider noch dazu, mein Sportprogramm für meine Verhältnisse extrem langsam anzugehen. Er erschrak fast bei meiner Schilderung, dass ich bereits wieder fünf Kilometer in dreißig Minuten laufen würde. Nebenbei gratulierte er mir auch, da dies wohl absolut nicht selbstverständlich war. Seine Ausführungen überraschten mich, ließen mich aber vernünftig bleiben und ich hielt mich streng an die Vorgabe, nicht vor Oktober dieses Pensum zu steigern. Ich lief brav immer nur eine halbe Stunde, etwa fünf Kilometer, zwei- bis dreimal pro Woche, oft mit meinen Kindern zusammen oder hintereinander oder auf dem Rad, Roller oder Kettcar begleitet, damit alle Altersstufen altersgerecht zum Zuge kamen. Ab Oktober gab ich aber dann Gas. Ich fühlte mich gut, es klappte super. Auch wenn ich natürlich nicht mit der Geschwindigkeit der rollenden Fahrzeuge der Kinder mithalten konnte. Ende des Jahres gingen wieder annähernd 10 Kilometer schon unter 60 Minuten. Nicht oft und nicht unangestrengt, aber für einen ‚Haken machen können' reichte es. Ich war zufrieden. Nur beim Fußball spielen mit meinem Sohn musste ich einsehen, dass es suboptimal lief. Ich muss eingestehen, dass Corona an diesem Umstand aber nichts geändert hatte. Ein neunjähriger, der sich bewegt und sportlich talentiert ist, nimmt in seiner Leistungsfähigkeit schnell zu. Die Mama, mittlerweile über 40, befindet sich auch ohne Corona auf dem absteigenden Ast. Schneller werde ich nicht mehr und somit sind meine Erfolgserlebnisse im Garten gezählt. Aber das nur ganz nebenbei...kurz zusammen gefasst: ich war offiziell vollständig genesen. Kein Long Covid oder andere Langzeit- bzw. Folgeschäden. Dafür war ich natürlich sehr dankbar! Die Sommerferien hatten aber mit dieser Untersuchung gut begonnen.

Die wiederkehrende Müdigkeit und eine gewisse Vergesslichkeit konnte ich nicht auf Corona schieben. Das hatte andere, offensichtliche Gründe. Wobei die Symptome den Lockdown und die damit verbundenen Anforderungen als Ursache hatten. Somit kann man dies schon irgendwie auch als eine Form eines Long Covid sehen, nur nicht in dem klassischen Sinne wie es medizinisch als Folge der Infektion definiert ist.

Da man im Vorfeld nicht genau wusste wie Urlaub wo wie geht, hatten wir uns entschieden, eine Ferienwohnung in Nürnberg zu mieten, für eine Woche. Eigene Anreise, Selbstversorgung. Wir besuchten in dem Rahmen sehr gute Freunde mit ebenfalls drei kleinen Kindern und machten uns eine schöne Zeit mit Ausflügen in die Fränkische Schweiz, an den Rother See und in den Playmobil FunPark. In dieser Zeit war Corona fast kein Thema bzw. zur Nebensache mutiert. Besser noch, wir genossen sogar Corona-Vorteile. Der Playmobil FunPark hatte eine vorgegebene maximale Besucherzahl und musste online im Vorfeld gebucht werden. Dies führte zu viel Platz in dem Park und nur sehr geringen Wartezeiten an den Attraktionen. Was für ein Erlebnis, herrlich. Wir hatten nicht alles bedacht. Durch nicht vorhandene Warteschlangen konnte man alles irgendwie zigmal machen. Puh, ein Körper ist nach vier Jahrzehnten gar nicht unbedingt dafür gemacht, sich am Tag unzählbar oft zu drehen, zu rutschen oder kniend im Sand nach Gold zu suchen. Corona war in jeder Hinsicht gesundheitsgefährdend. Umso älter, desto problematischer, lässt es sich resümieren. Selbst an den Stellen, die sich als Vorteile getarnt hatten.

Soweit der Sommer in Kurzversion.

Es ließ sich gut leben. Ich denke, dafür braucht es keine weiteren Beispiele.

Lockdown für Fortgeschrittene

Völlig unerwartet – so wurde es ein bisschen propagiert – kam sie doch: die zweite Welle. Die Zahl der Infizierten stieg schnell, Einweisungen in Krankenhäuser folgten. Die Politik wartete und so sollte es bis zu den Herbstferien dauern bis das Leben wieder stark eingeschränkt wurde. Die Grundschule und der Kindergarten liefen in den sieben Wochen zwischen den Sommer- und Herbstferien ziemlich normal – an Hygienekonzepte hatte man sich gewöhnt, das Fußball Camp unseres Sohnes konnte in der ersten Herbstferienwoche auch gerade so noch stattfinden und der 70. Geburtstag meiner Tante konnte im August ebenso wie der siebte Geburtstag unserer Mittleren im September uneingeschränkt gefeiert werden – fast. Meine Tante schränkte ein wenig die Gästezahl ein und feierte draußen. Ansonsten erzählten alle an diesen Tag von Corona als wäre es eine Erscheinung aus vergangener Zeit. Noch nicht vollständig, aber die Richtung war klar. Am Ehrentag unserer Tochter war es ähnlich. In der Schule sowie beim Turntraining wurde gefeiert – zwar nicht mit selbst Gebackenem, sondern Gekauftem, das war vorgeschrieben, aber immerhin - und der Kindergeburtstag in der Kletterkirche war ein Highlight des Herbstes. Lediglich die größere Feier mit der ganzen Familie, die für Mitte Oktober geplant war, fiel der zweiten Welle zum Opfer. Wir wollten dieses Zusammentreffen ein wenig aufschieben. Diese Familienfeier hat bis zum Sommeranfang 2021 noch nicht stattgefunden und wird ein Zusammentreffen, bei dem wohl alle Geburtstage gleichzeitig nachgefeiert werden können – hoffentlich nur einer von jedem.

Ich hatte zu dem Zeitpunkt Ende September noch beschlossen, dass es ein großes Glück sei, dass keines unserer Kinder in der Lockdown Zeit Geburtstag hatte. Einer Anfang Januar, eine Anfang Februar und eine Ende September war prima Corona kompatibel, so schien es. Dass die Geburtstage im Januar und Februar 2021 quasi gar nicht gefeiert werden können/dürfen, wagte ich nicht zu denken.

Den Lockdown ab dem 01.November sollte man nicht als einen harten, langen Lockdown empfinden. Deshalb nannte man ihn Wellenbrecher oder Lockdown light und verkündete, dass die erneuten harten Einschränkungen nur einen Monat dauern sollten, damit wir auch alle Weihnachten ganz unbesorgt gemeinsam unter dem Tannenbaum sitzen könnten. Diese Zeit war gefühlt die Härteste. Die dunkle, kalte Jahreszeit sorgte für wenig Aktivität draußen, in Folge dessen für noch weniger soziale Kontakte (man sah nicht einmal mehr jemanden von Weitem oder im Vorbeigehen, man konnte sich kaum noch vorstellen, dass es viele Menschen im Umfeld gab) und die sonst so schöne Weihnachtsstimmung und Vorfreude war wenig vorhanden. Sankt Martin, der uns normalerweise den tristen November erleichtert, fiel komplett aus. Wie so Vieles. Freizeitaktivitäten wurden stark eingeschränkt oder ganz verboten, die öffentlichen Räume wie Geschäfte, Hotels, Schwimmbäder und Restaurants, sogar Frisöre, mussten gefühlt sehr plötzlich wieder komplett schließen.

Nur die Schulen und Kitas hatten in NRW lange eine Sonderrolle und es gab sogar das Versprechen, dass Bildung so wichtig sei, dass die Schulen nicht mehr komplett geschlossen würden. Eine Woche vor den Weihnachtsferien wurde dann die Schulpflicht ausgesetzt und die Eltern entschieden, ob ihre Kinder eine Woche mehr Distanzlernen mussten. Etwas zu schließen kostet Überwindung, etwas nicht wieder aufzumachen, ist einfacher. So machte die Schule für unsere Kinder nach den Weihnachtsferien immerhin Mitte März im Wechselunterricht wieder auf. Grundschüler und Abschlussklassen u.a. im Kreis Heinsberg sahen ihre Schule kurz vor den Osterferien wieder. Da traf es andere härter. Eine Woche nach den Osterferien ging es aber nicht einfach für alle weiter, je nach Inzidenz. Wir hatten das Glück, nach einer Woche Distanzlernen nach den Osterferien erneut in den Wechselunterricht einsteigen zu dürfen.

Bis dahin hieß es dann wieder eine lange Zeit die Kinder rund um die Uhr möglichst selbst betreuen, beschulen, fit halten, bespaßen, ablenken, fördern und fordern, dabei kreativ sein, motivieren etc. und überall mit hinnehmen, wo es möglich war. Was das bedeutete, konnte man durch Beobachten von Müttern in z.b. Supermärkten schnell herausfinden. Entspannte Mütter mit fröhlichen Kindern, weil Mama gerade frischen Brokkoli in den Wagen gelegt hat, ist nicht das dominierende Bild in meinem Kopf. Eine Szene ist mir besonders in Erinnerung geblieben, bei der zwei Kinder sämtliche Kunden amüsiert haben, nur die eigene Mutter nicht, die beim Bäcker im Supermarkt stehend nur ein paar Brötchen kaufen wollte und am Ende äußerlich ein wenig angespannt wirkend beide wieder eingefangen hat – nicht bevor sich die Kinder eine Scheibe Schinkenwurst an der Theke erfragt und ein Wettrennen geliefert hatten, wer es schneller bis zur Kasse schafft. Die Betroffenen solcher und ähnlicher Erlebnisse werden sich maximal im Nachhinein darüber amüsiert haben.

So unrealistisch wie es Weihnachten noch klang, so kam es dann aber. Alle Maßnahmen dauerten bis in den März und nicht einmal Ostern konnte man unbeschwert gemeinsam Eier suchen. Vor allem für die Kinder wurde es immer härter. Besonders weil die Zeit für sie nicht greifbar ist und die Zeitspannen ihnen viel länger vorkommen als uns Erwachsenen. Ein Jahr in einem vier- oder siebenjährigen Leben ist verdammt lang. Von einem Geburtstag bis zum nächsten empfand ich als Kind als unvorstellbar lange Zeit und damit war es in dem Fall nicht getan. Es gab genug Kinder, die hatten in der Pandemie bis jetzt schon zweimal Geburtstag. Die Perspektive fehlte gänzlich und wir Eltern wussten auch nicht mehr, was wir den Kids noch erzählen sollten. Wir wollten sie nicht demotivieren, aber wir wollten uns auch nicht unglaubwürdig machen. Mich machte es unsicher und ich hinterfragte zwischenzeitlich viele meiner Worte. Zweifel waren in vielerlei Hinsicht mittlerweile täglicher Begleiter.

Hier erscheint immer wieder ein bestimmter Moment vor meinem geistigen Auge, der aus der Zeit Ende Januar/Anfang Februar stammt. Unserer Tochter litt am meisten unter der Schulschließung und weil ich vermutete, es könnte für sie ein schönes Erlebnis sein, nahm ich sie einmal montags morgens mit zur Materialabholung an der Schule. Als unsere Mittlere erfahren hatte, dass die Klassenlehrer vor Ort seien, draußen mit Maske selbstverständlich, hatte sie auch gleich gefragt, ob sie beim nächsten Mal mitkommen könne. Die Minuten vor der Schule schienen entspannt und das Gespräch mit der Klassenlehrerin wirkte locker und gelöst. Als unsere Tochter allerdings wieder im Auto saß, begann sie zu weinen und sagte, dass sie Corona nicht mehr aushalte und sie einfach wieder in die Schule wolle. Die Tränen liefen den ganzen Tag und sie fing immer wieder an zu weinen. Unsere Tochter ist in der Regel ein fröhliches und viel lachendes Kind. Corona nahm ihr in bestimmten Phasen sehr viel davon, was schwer war mitanzusehen. Man war völlig hilflos. Da war ich bestimmt nicht die einzige Mama, die solche Momente mit ihren Kindern hatte und es ging natürlich nicht nur um die Schule. Von seinen beiden ersten Schuljahren eineinhalb Jahre keinen regulären Unterricht zu haben, keine Ausflüge oder Klassenfeiern o.ä. machen zu können, nicht einmal freies Bewegen im Klassenraum oder unbeschwerte Pausen möglich sind – wie im Falle unserer Tochter, wünscht man sich sicher nicht. Sport, Freunde, Großeltern, Nachbarn und so Vieles mehr wurden aber mindestens genauso schmerzhaft vermisst.

Auch für uns Erwachsenen wurde es nicht leichter. Für unsere Familie hieß das ganz individuell - und da hatte jeder seine eigenen ‚Baustellen' - dass es mit zwei schulpflichtigen Grundschulkindern samt Lehrereltern immer wieder abendfüllendes Programm war, wenn spät die Infos für den nächsten Tag kamen. Denn im zweiten Lockdown änderte sich häufig etwas, manchmal auch viel und immer ziemlich kurzfristig. Der Kindergarten war da noch die größte Konstante. Die Medien waren oft bessere Quellen als die ‚offiziellen Informationsquellen', die eigentlich nur bestätigten, was man kurz zuvor aus den Medien erfahren hatte. Selbst den Schulleitungen erging es so, was immer wieder zu sehr zeitnahen Veränderungen führte, die unsere Flexibilität auf die Probe stellten. Man war froh, wenn man es wenigstens rechtzeitig mitbekommen hatte. Eine riesen Logistik steckte hinter unserem Familienteam, hinter den meisten Familien. Irgendwie war alles zu viel, zu lange, zu unbeständig und zu verwirrend. Der Sport war diesbezüglich die noch kompliziertere Angelegenheit. Die Schule dagegen letztlich die Bedeutendere. Wer muss jetzt wann wohin, darf überhaupt, muss was dafür tun bzw. mitbringen oder welches Material muss wann wo mit welchen Auflagen geholt oder hingebracht werden, welche padlets (es gab vier pro Kind) geöffnet, welche Videos geschaut, welche Blätter gedruckt, wann muss sich wer wo einloggen oder einwählen, was unterschrieben werden, welche Aufgaben wann hochgeladen werden? Welche Mail mit welchem Anhang gilt für wen, welchen Zeitraum, wo? Hat mein Kind sich nur am Brötchen verschluckt oder ist das der Beginn eines Hustens? Ist das ein Symptom oder wirkt die Nase nur zu, weil geweint wurde? Welcher Wechseltag gilt für welches Kind? Ist unser Sohn jetzt in Gruppe A und unsere Tochter in Gruppe B oder umgekehrt? Ist mein Kind heute getestet worden oder war das doch gestern? Wie lange gilt dieses Testergebnis und für was gilt es bzw. braucht man es? Ist dieser Ausdruck jetzt der aktuelle Stundenplan? Welche Kalenderwoche haben wir überhaupt? Waren heute die letzten zwei Stunden wegen Vertretungsproblemen abgehängt oder war es doch ein anderer Tag, an dem ein Kind eher aus der Schule kommt? Wann muss wer den Sportbeutel mit zur Schule nehmen? Was muss da überhaupt rein bei Sport draußen im Winter? Wie kommen wir an die Zeugnisse? Fragen über Fragen und die Antworten auf diese Fragen änderten sich auch noch mehrfach. Im Prinzip der ganz normale Wahnsinn, aber mit einer zusätzlichen Unbekannten in der Gleichung, deren Ergebnis eine Art Belastung darstellt. Ein X, Y oder Z – suchen Sie sich etwas aus - für Pandemie kam dazu und dieses X, Y oder Z steigerte das Ergebnis dieser Formel exponentiell.

Die Frage nach dem Zeugnis z.b. klärte sich bei vielen Schulen unterschiedlich, meist endgültig erst am Vortag der Zeugnisausgabe und niemand wusste so genau, wie der beste Weg aussehen sollte. Ergo gab es sehr viele Wege. Ganz nebenbei freuten sich die Kinder, zumindest meine, auf die Zeugnisse und bekamen sie letztendlich unpersönlich ohne eine Würdigung. Alle hatten viel geleistet. Die Wertschätzung durch die Eltern alleine nutzte sich ein wenig ab. Die Anerkennung nur in Form des Papiers war schade, aber leider wohl kaum anders machbar. Vielleicht. Der Stolz im Klassenraum bei der Übergabe fehlte ebenso wie der Familienausflug in einen Freizeitpark oder Zoo als Belohnung. Aber das nur am Rande.

Abschließend zum Thema Familienunternehmen lässt es sich vielleicht wie folgt bilanzieren. Ich kam nie in einen Automatisierungslevel, was vieles erleichtert hätte. Immer hatte man das Gefühl etwas zu vergessen, falsch zu machen oder etwas zu übersehen. Kaum hatte man sich einigermaßen an etwas gewöhnt, änderte sich wieder etwas. Das kostete Kraft, viel Kraft. Abends war ich durchaus vor den Kindern müde und erschöpft. Diese Nachricht funkte jedenfalls mein Kopf häufiger bevor der Tag eigentlich richtig zu Ende war.

Ich habe es immer geschafft, das richtige Kind am richtigen Tag in die Schule zu schicken. Dafür habe ich mir doch einen Stern verdient, oder? Auch wenn tatsächlich manchmal Dinge vergessen wurden mitzugeben - allerdings nur Sachen, die völlig außer der Reihe anstanden wie z.b. der Zollstock für den Mathematikunterricht. Zu den, nennen wir sie, bedeutenden Missgeschicken komme ich zu einem späteren Zeitpunkt. Seit einiger Zeit hat übrigens jedes Familienmitglied einen magnetischen Wochenplan mit einer Ecke für Notizen am Kühlschrank. Diese vom Prinzip quasi antiken nahezu Alleskönner auf dem der Gebiet der Struktur und Planung haben mich unter anderem davor bewahrt die Impfausweise der Kinder zur Überprüfung der Masernimpfung durch die Schule am 06.06. im Schrank liegen zu lassen und durch eine Mitteilung der Klassenlehrer erinnert werden zu müssen oder Kostüme zu bunkern, die bis zur nächsten Ballettaufführung niemandem mehr hier passen. Auch Wochenaufgaben wie Gedichte auswendig lernen wurden planmäßig erledigt, durch einen Blick oder eher mehrere Blicke auf den Kühlschrank. Aus Fehlern lernt man...manchmal. Falls zufällig ein Programmierer von SchoolFox dieses Buch lesen sollte (oder jemand, der jemanden kennt, der...), sei hier der Wunsch mehrerer Mütter erwähnt, bitte eine Erinnerungsfunktion einzubauen.

Im Februar hatte dann Petrus ein Einsehen und schickte für eine Woche ganz viel Schnee an den Niederrhein. Aus unserer Sicht die beste Woche des Winters. Abwechslung, Spaß, Unbeschwertheit – was für eine Erleichterung. Wie eine Art Auszeit. Wir genossen es alle. Man sah Schlitten an Autos gespannt die Straße lang schliddern. Schneemänner gab es in Wegberg offensichtlich für einige Tage mehr als Einwohner. Meine Kinder rodelten die gleichen Abhänge in Süchteln hinab wie ich einst 1985. Schaukeln, Trampolin springen, alles wurde im Schnee gemacht. Die Kinder trafen sich zufällig an der Rodelpiste im Feld, in Gruppen und hatten gemeinsam Spaß. Das Lachen auf den Gesichtern war zurück. Die Fotos schauen wir uns immer noch gerne an.

Unsere Kleinste hatte das große Glück in dieser Woche vier zu werden und somit war dieser Tag gerettet. Ein wenig Entschädigung für den nicht statt gefundenen Kindergeburtstag, die abwesenden bzw. maskierten auf Abstand stehenden Großeltern und für die fehlenden Freundinnen, die per Videobotschaft gratulierten. Das Wetter, die so sehr gewünschte und selbst kreierte ‚Eiskönigin' Torte, der Überraschungsbesuch der Patentante an der Tür inklusive Ständchen plus Geschenk und der Kindergarten schafften es, ein glückliches Kind zu zaubern. Und der eine Freund, der mitgefeiert hat, ist selbstverständlich unbezahlbar. Dem Kindergarten gebührt ganz nebenbei ein riesengroßer Dank. Nicht nur, dass dort die Kindergeburtstage in einem angemessenen und würdigen Rahmen gefeiert wurden, waren es die ErzieherInnen (da es tatsächlich einen Erzieher in der Gruppe gibt, habe ich mich schwer getan mit der sonst üblichen rein femininen Form an dieser Stelle), die in diesen schweren Monaten ganz viel aufgefangen und möglich gemacht haben. Noch mehr Helden, die viel zu wenig Beachtung finden. Was wären all die Zwerge ohne die Bezugspersonen neben den Eltern, die streckenweise ein Hauch von Normalität erreichten. Vielen, vielen Dank! Ich weiß, dass es nicht überall gleich gut gelaufen ist, aber wir können für uns nur sagen, dass wir in dem Fall wieder an der richtigen Stelle wohnen und uns die Hilfe des Kindergartens sicher die Sorge um unsere Kleinste nehmen konnte. Das darf nicht unerwähnt bleiben.

Aber auch die Erzieher konnten Corona nicht aus den Köpfen der ganz Kleinen verschwinden lassen. Ohne genau zu wissen, wovon sie sprach, brüllte unsere damals noch Dreijährige mich einmal mit folgenden Worten an: „Ich hasse Corona. Corona ist scheiße!" Und ihr geliebtes Blümchenkleid, dessen Blüten tatsächlich aussehen wie das Corona Virus, bekam im Kindergarten den Namen Corona-Kleid, was dieses Kleid für eine gewisse Zeit im Schrank unbeachtet hängen ließ. Denn auch ohne Maskenpflicht und mit ein wenig Normalität im Kindergarten vermissten die Kleinsten ansonsten auch alles, was die Großen, sagen wir besser Größeren (denn groß sind sie alle), vermissten – Ballett macht über zoom alleine im Wohnzimmer nicht sonderlich viel Spaß, chatten mit Oma ist eben nicht mit Oma spielen oder Oma in die Arme laufen und der Kakao schmeckt nunmal bei der Nachbarin am besten.

Außerdem wussten die Kleinen oft auch gar nicht wie sie sich verhalten sollten, mussten oder durften. Natürlich ist Hygiene in einem gewissen Rahmen immer wichtig, aber es sollte keine Zwänge oder Ängste hervorrufen. Sich drücken gehört zum Wohlbefinden und Mimik ist wichtig für das Miteinander. Es kam so Vieles zu kurz. Dem Schutz vor Corona wurde so Einiges, Wesentliches, untergeordnet. Es gilt zu verhindern, dass Corona zu große Spuren hinterlässt. Bloß keine Kern-Erinnerungen in diesem Zusammenhang erzeugen. Das meiste soll bitte bald auf der Erinnerungs-Deponie landen und in Vergessenheit geraten. Aber dank einiger fantastischer Menschen gibt es eben sogar aus dieser Zeit Momente, die die Festplatte namens Gehirn bitte für immer abspeichern soll. Unbezahlbar! Auch an dieser Stelle fühlen sich bitte ein paar Menschen von Herzen gedrückt.

Zurück in den Februar…

Pünktlich zu meinem Geburtstag fünf Tage später war die weiße Pracht wieder komplett geschmolzen. Ich bekam zudem keine Elsa Torte und niemand stand für mich Spalier, aber meine Kinder bastelten mir eine Krone, Freunde brachten Blumen und so viel Kuchen an die Tür – danke Saskia und Janine zusätzlich für den ‚Lockdown Wein', dass wir damit drei Hauptmahlzeiten abdecken konnten. Denn essen mussten wir alles alleine, ohne Geburtstagsgäste. Mehr als ein paar Worte an der Tür waren nicht erlaubt. Ein ‚richtiges' Treffen ohne Blick auf die Anzahl der Haushalte wünschte man sich mittlerweile sehnlichst. Einen nach dem anderen einzeln mit Zeitfenster hineinzulassen war wirklich keine Option. Die erlaubten Varianten waren nicht erstrebenswert und dazu nicht sinnvoll. Letztlich war der Tag nicht perfekt – wie zu erwarten mitten in der Corona Krise, aber erträglich. Nein, er war schon auch schön, aber ich vermisste etwas. ‚Etwas' ist gut. Um genau zu sein Freunde, und zwar direkt neben mir sitzend und lachend. Wie letztes Jahr, wenige Tage bevor das Ganze seinen Anfang nahm. Und wie die Jahre davor, wie normalerweise immer und wie man dachte wie selbstverständlich. Auch wenn man nur einmal 42 wird, kann man diesen Geburtstag aber noch am ehesten verschmerzen – mehr als den 18. zum Beispiel. Für die Jahrgänge, die Anfang des Jahrtausends geboren worden waren, war es schlichtweg richtig besch…eiden. Nicht alles lässt sich nachholen.

Ich zehrte allerdings doch auch noch ein bisschen von der Woche mit Schnee und einem stolzen jetzt vierjährigen Kind. Außerdem schien der Frühling in Reichweite und die Politiker erzählten immer wieder etwas von Zielgeraden. Wobei selbst unsere siebenjährige Tochter irgendwann anmerkte, dass eine Zielgerade doch eher kurz sei und sich wunderte wie lange diese Episode schon dauerte. Die Floskeln und Durchhalteparolen nutzten sich sogar schon bei den Kindern ab. Nach einem Jahr schafften es nur noch wenige Politiker bei uns überwiegend positiv erwähnt zu werden. Respekt hatten wir vor allen und tauschen wollten wir auch nicht, das ist klar. Die Entscheidungen, die da zu treffen waren, wollte ich nicht treffen müssen. Dennoch gab es die, die es versuchten und die, die es sogar immer wieder schafften. Die Briefe des Familienministers in NRW waren zwar auch nicht immer spannend zu lesen, da einer dem anderen glich und vor Floskeln strotzte, aber für die Einstellung und sein Bemühen sind wir dankbar und konnten uns damit auch identifizieren. Wieder im richtigen Bundesland, im richtigen Kreis, an der Stelle. So fühlte es sich für uns auf jeden Fall an. Mehr war halt immer noch nicht drin. Ein halb volles Glas ist einfach besser als ein halb leeres.

Neben den Politikern spielte das Wetter übrigens eine Hauptrolle in dem ganzen Szenario und das nicht nur in dieser einen Woche im Februar. Immer wieder änderte sich die Gemütslage, wenn die Vorhersagen in die eine oder eben in die andere Richtung gingen. Leider wurde das Frühjahr 2021 diesbezüglich eher ein Reinfall. Wir bekamen u.a. den kältesten April seit 1977. Das hatte gerade noch gefehlt. Und ansonsten fühlte es sich einfach viel zu oft nach 6 Grad, Regen und/oder Sturm an. Im Mai gab es fast jeden Tag jedes Wetter im etwa halbstunden Wechsel – oft sogar mit Gewitter. Nur die Wärme fehlte. Das können die Isländer nicht besser. Dieser Umstand erschwerte die wenigen Versuche, sich Auszeiten zu ermöglichen. Eine Runde mit einer Freundin durchs Feld oder im Wald spazieren war ohnehin selten möglich, ohne dass etwas dazwischen kam oder die Zeit erst gar nicht da war - zumindest nicht ohne Kinder für wenigstens eine von beiden. Aber bei Gegenwind samt Regen im 45 Grad-winkel von vorne, kostümiert mit Mütze und Handschuhen im Mai ist das zudem wenig erholsam – soweit reicht meine Phantasie dann doch nicht. Dazu musste das Trampolin im Garten ständig trocken gewischt werden, das Spielen draußen häufig unterbrochen werden. Die Wäsche wurde durch das Wetter auch nicht weniger. Hätte durchaus besser laufen können. Es war sogar wahrscheinlich. Gut, dass man im April wusste, dass bald der Mai kommt. Im Mai waren wir uns aber dann sicher, der Juni macht alles gut. Der Sommer wird kommen. Soweit der lange Weg durch den Winter (und das bescheidene Frühjahr).

Meine Ausführungen haben natürlich alle keinen Anspruch auf Vollständigkeit oder objektiver Analyse der Situation, können aber exemplarisch vielleicht einen Einblick in das Bewältigen der Ausnahmezeit aus Sicht unserer Familie geben. Wir sind bzw. ich bin, denke ich, nicht nur oder doch eine von über 80 Millionen.

Lockdown für Profis

Der nächste Lockdown wartete bereits im Frühling 2021 auf uns, quasi im unmittelbaren Anschluss an den Vorangegangenen. In meiner Erinnerung gehen sie ineinander über. Nur wusste keiner mehr, wie hart er werden sollte, musste oder durfte. Da den Politikern keine neuen Ideen einfallen wollten und Sinnvolles nicht erreichbar war – Stichwort Herdenimmunität durch genügend Impfungen z.b., ließ man sich zumindest neue Begriffe wie Brücken-Lockdown einfallen. Eine bisschen Abwechslung musste sein. Half aber alles nichts. Im Prinzip erlebten wir ein erneutes Deja-Vu und ein Ende schien immer noch in weiter Ferne.

Immerhin konnte man auch außerhalb der Ferien nach Mallorca fliegen, wenn man schon nicht wusste, ob die Kinder zur Schule müssen oder können, je nachdem wie man das sieht. Nicht, dass wir das gemacht hätten, aber es ist doch schön zu wissen, dass man sich die Auszeit von der Langeweile und den fehlenden Möglichkeiten in der näheren Umgebung weit weg von Hause gönnen konnte, wenn man gewisse Dinge übersah oder besser sämtliche Corona Verordnungen kannte, die Maske im Koffer nicht störte, man es sich zudem leisten konnte und man nicht lieber den Wunsch verspürte sich in Deutschland zu erholen, in dem man eine Runde mit dem Rad durch die Natur fährt oder durch die Naherholungsgebiete spaziert z.b., was als Ferienmodell schwierig umzusetzen war. Je nach Beliebtheitsgrad der Gegend sollte man erst gar nicht auftauchen. Das war nicht erwünscht und zum Teil nicht möglich, aber stundenlang in einem

Flieger in den Süden sitzen war eine Option; wenn auch ebenfalls nicht erwünscht, aber erlaubt. Verwunderung gehörte bei vielen wohl dazu. Ganz gleich wie man zu dem Thema stand.

Gut, dass der Dalheimer Wald und die Felder rund um Wegberg noch nicht so überlaufen waren. Die Freude der Kinder nach über einem Jahr hielt sich aber in Grenzen und irgendwann sträubten sie sich schon fast bei dem Wort Wald. „Schon wieder?!" war als Antwort bei vielen Kindern in unserem Umfeld dann zu hören. Gleichzeitig erzählten Eltern aber auch, dass ihnen die Ideen mittlerweile völlig ausgegangen waren und das wenig Mögliche bereits sehr oft gemacht wurde. Selbst die Spielplätze waren über einen gewissen Zeitraum komplett gesperrt oder nur begrenzt nutzbar. Außerdem durfte man offiziell nicht einmal anhalten, wenn man Bekannte oder befreundete Familien traf, da sich dann in der Regel mindestens zwei Haushalte mit zwei Personen über 14 Jahren pro Haushalt zusammenfanden. Wo wir wohl bei den Momenten waren, die häufig nicht ganz regelkonform abliefen – aber immer ohne schlechtes Gewissen, da sich die Gefahr mehr als Grenzen hielt. Gedrückt wurde sich schon lange nicht mehr und Anstand hatten die meisten auch genug um niemanden anzuhusten oder anzuspucken. AHA, sage ich da nur. Das L gab es draußen gesundheitsfördernd obendrauf.

Ansonsten bestand der Lockdown Teil 3 in Distanzunterricht/Wechselunterricht, Click&meet vs. Abholservice – wenn man sich nicht mittlerweile völlig an das Online Shopping gewöhnt hatte – und, wenn man es brauchte, der Möglichkeit sich regelmäßig kostenfrei testen zu lassen. Vor- wie Nachteile inklusive.

Es waren Osterferien, das Wetter stimmte, zumindest in der ersten Woche. Somit beschlossen mein Sohn und ich meiner Mutter im Garten zu helfen. Das Hochbeet vorbereiten, Stolperfallen beseitigen und Co., natürlich draußen mit Abstand. Da meine Mutter als Hochrisikopatientin aber am besten nicht einmal unter den besten Bedingungen und mit allen AHA, AHA-L und sonstigen ACH-SO und was auch immer Regeln dem Virus begegnen sollte, testeten wir uns mit einem sogenannten Schnelltest aus einem Drogeriemarkt selbst. Nicht, dass die Formulierung noch zu falschen Schlüssen führt. Wir nahmen für zwei Personen zwei Tests, klar soweit. Das Ergebnis war es weniger. Bei mir war der zweite Strich, der ein positives Corona Testergebnis bedeutete, schon zu erahnen. Bei meinem Sohn war er klar zu erkennen. Prima, erst einmal eine Nachricht an meine Mutter, dass wir, wenn überhaupt, später kommen. Auf zum Testzentrum. Dort bohrt man einfach besser in der Nase und das Ergebnis ist nach Aussage der dort arbeitenden Menschen schlichtweg nahezu bombensicher. Eine knappe Stunde später war klar, wir hatten diesen Fall von falschem positiven Selbsttest erwischt. Und da wir als Lehrer und Eltern Selbsttest erprobt waren – im Kreis Heinsberg wurden schon vor den Osterferien alle Grundschüler zu Hause morgens vor der Schule zweimal pro Woche getestet, genauso wie alle Lehrer und älteren Schüler in der Schule - wussten wir wie die korrekte Anwendung verlief. Daran lag es nicht.

Also auf zum Hochbeet und mit Verspätung an die Arbeit. Keine Aktion mehr ohne Corona als Begleiter – auch wenn es eben gar nicht da war. So eine Präsenz schaffen nicht einmal die bemühtesten B-, C- und D-Promis in täglich laufenden Sendeformaten, deren Nutzen dem von Corona gleich kommt. Aber nicht vom

Thema abkommen und schon gar nicht intolerant wirken. Das ist nicht ironisch gemeint. Mein Humor hat oft eine Form von Leichtigkeit zum Ziel und den Ernst aus einer Situation zu nehmen ist häufig der Punkt, der Manches erträglich macht oder einer Sache sogar Sinn verleihen kann. Nur als kleine Ergänzung für alle, die mich nicht persönlich kennen. Und um das an der Stelle auch direkt mit zu erwähnen: jede Art von Querdenken liegt mir und meiner Familie übrigens völlig fern. Aber selbst wenn Grundlegendes kommuniziert ist, muss Humor immer sehr bedacht formuliert werden um niemandem auf die Füße zu treten. Ziel ist es grundsätzlich immer mit den Menschen zu lachen, nicht über sie. Nur damit keine Missverständnisse aufkommen. Lesen Sie meine Worte bitte entsprechend. Der Hinweis kommt nach 80 Seiten fast so pünktlich wie mach öffentliches Verkehrsmittel. Sie sehen, ich bin sogar Teil meines Humors.

Dieser erneute Lockdown hielt vieles Bekannte bereit wie: Wie sieht nochmal ein Schwimmbad von innen aus?, Was ist ein Kino? Und wie fühlt es sich an, woanders und mit anderen zu essen? Neu waren die Selbsttests und die Terminvereinbarung. Neu war auch, dass man sich die Frisörtermine genauer überlegte, weil man einfach auf mehr gefasst war und stärker antizipierte, worüber man im ersten Lockdown noch gelächelt hatte. So ein Lockdown kann sich weiter entwickeln. Diese Form der Abwechslung bevorzuge ich aber eher nicht und auf eine Fortsetzung kann wohl nicht nur ich gut verzichten. Die Idee unserer Tochter, den Virus „einfach kaputt zu hauen", fand ich prinzipiell ansprechender. Leider war das Herunterfahren des (sozialen) Lebens wohl effektiver.

Wie viele Menschen ich aus welchen Haushalten wann und wo sehen durfte, konnte ich nicht immer genau sagen. Gab es noch eine einheitliche Regelung, die über die Straße, auf der man wohnte, hinausging und die zusätzlich ein wenig Bestand hatte? Bei leider zu wenigen und sehr unregelmäßigen Videochats mit einer Freundin, wohnhaft in Bayern, wurden witzige Anekdoten ausgetauscht und es kam mehr als einmal vor, dass wir kaum glauben konnten im gleichen Land zu leben (was manche ja auch ohne Corona Regeln bezweifeln...den passenden Emoji denken Sie sich bitte). Weihnachtsgeschenke für Kinder im Jahr 2020 in großen Supermärkten mit Spielzeugabteilungen zu kaufen war für mich kein Problem. Im Großraum Nürnberg sah das ganz anders aus. Absperrbänder sorgten für die Umsetzung der Vorgaben. Auch die Möglichkeiten der Betreuung in den Kindergärten z.b. unterschieden sich. Die Bayern gehörten die meiste Zeit zur Fraktion ‚Vorsicht', waren aber die Ersten, die Pfingsten 2021 ihre Hotels öffneten. Eine Seltenheit, dass der Süden voranging. Was wir in NRW konnten und durften, konnten und durften die Menschen in Bayern noch lange nicht. Zeitweise unterschied sich das Leben meiner Freundin schon wesentlich von meinem, trotz ähnlicher Rahmenbedingungen. Der Spaß ging auf beiden Seiten dabei aber nicht verloren. Sie wissen ja um die Bedeutung von Humor in schlechten Zeiten. Die besten Jecken kommen aber natürlich aus NRW, da gibt es nichts zu diskutieren. Ich vermute, dass noch nie jemand behauptet hat, Köln würde zum Freistaat Bayern gehören. Wer letztlich den besseren Ministerpräsidenten hat, bleibt der Meinungsbildung eines jeden Einzelnen überlassen. Der Spitzenkandidat der regierenden Partei für September kommt aber ebenfalls aus NRW. Wir führen (noch?)...ok, der deutsche Fußballmeister kommt wie immer aus

München, aber in NRW gibt es mehr Bundesliga Klubs als in Bayern und…An dieser Stelle müssen Sie für sich weiterdenken. Alle Bayern verzeihen mir an dem Punkt bitte meine gewisse Heimatverbundenheit. Denken Sie an Ihre Gesundheit und schmunzeln Sie mindestens mit, selbst als Bayer. Als Düsseldorfer natürlich auch. Wer in Teilen dieser Erde lebt, die über die Rivalitäten der genannten Städte und Bundesländer nicht informiert wurden, kann sich das nötige Wissen ganz schnell mit Hilfe von Suchmaschinen aneignen, einen Kölner Fußballfan fragen, dem das „Hätz op d'r Zung litt" oder einfach hinfahren, wenn man wieder darf. Es lohnt sich.

Zurück zum Lockdown Alltag. Es wurde zwischenzeitlich so viel verbreitet, dass ich manchmal nicht mehr wusste, ob es die zurzeit aktuelle Regelung ist oder nur ein Vorschlag von jemandem. Ich glaube, wenn man sich mit Kindern unter 14 getroffen hat, ist man zumindest nicht Gefahr gelaufen, Bußgeld bezahlen zu müssen. Hält auch jung, also warum nicht. Problematisch nur an der Stelle, dass einige auf der Strecke bleiben würden, da es deutlich mehr ältere Personen über 14 gibt. Man hätte Priogruppen erstellen sollen, vielleicht wie beim Impfen – gegen die Vereinsamung. Aber als Profi im Lockdown macht einem das ja gar nichts aus, kann man sich versuchen einzureden.

Der dritte Lockdown war spätestens ab Mitte April geprägt von Unklarheiten, Verwirrung, Chaos, Panik und Wahlkampf. Kaum eine Aussage hielt länger als eine Woche, Planung länger als zwei Tage unmöglich. Beispiel gefällig?

Von Mitte März bis Mitte April war der Sport zumindest eine gelungene Abwechslung, wenn auch natürlich weiter eingeschränkt, aber immerhin wieder mit anderen, vor Ort an den

Sportanlagen und nicht mehr zu Hause alleine über zoom oder ähnliche Plattformen. Draußen war mit Hygienekonzept fast alles wieder erlaubt. Die Kinder erinnerten sich ansatzweise an ihr Leben vor Corona. Ansatzweise, weil die Schulen ja erst einmal wieder zu waren, Masken getragen werden mussten und natürlich Nichts normal war.

Am 16.April hatte der Kreis Heinsberg – man muss wissen, dass einheitliche Regelungen auf Bundesebene quasi unmöglich geworden waren und selbst die Bundesländer an sich hatten Schwierigkeiten sich zu einigen – eine Allgemeinverfügung erlassen, die ab dem 17.April in Kraft getreten war. Diese beinhaltete u.a. die Möglichkeit der Ausübung des Sports im Freien, aber mit in der Praxis komplizierten Einschränkungen. Außerdem fiel die Risiko-Nutzen-Abwägung leider zu Ungunsten der Kinder aus. Wörtlich hieß es: „[…] Beim Zusammentreffen von Personen eines Hausstandes mit mehreren Personen eines anderen Hausstandes mit insgesamt höchstens fünf Personen sowie Gruppen von höchstens 20 Kindern im Alter bis einschließlich 14 Jahren mit bis zu zwei Ausbildungs- oder Aufsichtspersonen dürfen nur noch gemeinsam unter freiem Himmel Sport treiben, wenn ein tagesaktueller bestätigter negativer Schnelltest, welcher in einem der offiziellen Testzentren durchgeführt oder bestätigt wurde, vorgelegt wird." Wow, erst einmal zweimal lesen, dann verstehen und dann überlegen, was das konkret heißt. Weiterhin hieß es: „Zwischen verschiedenen Personen oder Personengruppen, die gleichzeitig Sport auf Sportanlagen unter freiem Himmel treiben, ist weiterhin ein Mindestabstand von 5 Metern einzuhalten[…]" Dies sind Zitate aus E-Mails, die ich u.a. von den Sportvereinen unserer Kinder bekam, weitergeleitet. Zur Kenntnis nehmen und umsetzen um mitmachen zu dürfen.

Ok, Sie werden sagen, es gab doch eine Möglichkeit. Als Mama von drei Kindern ist es recht unmöglich, am Mittag irgendwann eine Stunde gemeinsam in einem Testzentrum zu verbringen. Kurzfristig habe ich überlegt, dieses Ritual mit dem Mittagessen zu verbinden, aber mit Maske lässt sich so schlecht essen. Aber mal abgesehen von der Logistik und den zu erwartenden Warteschlangen, wurde es einfach absurd. Konkret hieß das Folgendes: unser Sohn konnte durch einen negativen Selbsttest, den er als Neunjähriger selbst in der Klasse durchgeführt hatte, sechs Stunden mit weiteren acht Kindern in geschlossenen – wenn auch gelüfteten – Räumen unterrichtet werden. Er konnte aber nicht mit diesem negativen Testergebnis nachmittags draußen auf einem großen Tennisplatz mit viel Abstand mit zwei weiteren Kindern trainieren. Dafür brauchte er dann einen zweiten Test, aber unbedingt von einem Testzentrum, damit man sich auch darauf verlassen konnte. Von der Idee bzw. dem Vorschlag vieler Wissenschaftler zweimal in der Woche getestet zu werden, um das Risiko minimieren zu können, konnten sportliche Kinder es schaffen zweimal am Tag getestet zu werden. Sicher ist sicher...ja, die Lage war ernst. Das verleugne ich nicht. Aber das Absurde an gefühlt zu vielen Stellen machte es mir und vielen Menschen in meiner Umgebung schwer, den Humor und damit verbunden das Durchhaltevermögen nicht zu verlieren.

Die Schulen machten nach zwei Wochen Osterferien und einer Woche Distanzlernen, wie bereits erwähnt, wieder auf; erst einmal, für manche, nicht überall und das auch nur im Wechselunterricht. Das heißt, maximal nicht einmal die Hälfte des regulären Unterrichts verbrachten ein Teil der Schüler in der Schule. An den wenigen regulären Schultagen wurde zudem insgesamt die Anzahl der Stunden gekürzt. Wir müssen unsere Kinder später auszeichnen. Streng genommen kann man behaupten – da jeder versetzt werden soll – dass jeder Schüler, egal wie schwer es ihm fällt, in der dafür eigentlich vorgesehenen Zeit den Unterrichtsstoff zu bewältigen, quasi ein Schuljahr überspringt. Es ist de facto ein Schuljahr nicht unterrichtet worden, zumindest nicht so wie es besonders die schwächeren Schüler gebraucht hätten. Herzlichen Glückwunsch. Um unsere Bildung und unsere Zukunft brauchen wir uns also nicht sorgen, wenn wir unseren Schülern das zutrauen. Kaum G8 an Gymnasien abgeschafft, schon dank Corona an allen Schulformen wieder eingeführt. Ich möchte mit meinen Kindern wirklich nicht tauschen. Ständig gab und gibt es neue Konzepte, Ideen und noch jede Menge mehr. In den fast sechszehn Jahren, in denen ich mittlerweile unterrichte, habe ich vieles neue kommen und gehen sehen. Aber für diese wohl schwierigste Situation gab es kein richtiges Konzept. Dafür fällt mir tatsächlich nur ein Wort ein: Unverständnis. Aber meine Meinung ist nur eine von Vielen.

Unsere Kinder sahen im Wechselunterricht ihre Klassenlehrerin und ein paar Klassenkameraden immerhin zweimal in der Woche für vier bis fünf Stunden, anstatt einmal in der Woche für maximal 45 Minuten per Videochat während des Home Schoolings. Auch diese Variante haben wir schon viele Wochen so hinter uns gebracht. Stundenlang schwarz weiß Kopien bearbeiten, mit etwas Glück auch einmal ein Lernvideo schauen können, ist einfach nicht die Art und Weise wie Kinder gut und gerne lernen. Und das ist nur der Teil, den die Kinder leisteten – wenn auch der Schwerste. Nicht alle werden das geschafft haben.

Das Kapitel Elternarbeit werde ich nicht aufmachen. Das Ziel bestand irgendwann nur noch darin, die Übersicht nicht zu verlieren und keine SchoolFox Nachricht zu überlesen – und es kamen zeitweise doch einige. Ich habe viel gelernt in diesen Wochen – über Menschen, Abläufe, Prioritäten. Nicht für eine Prüfung oder ein Zertifikat, sondern fürs Leben – das versuche ich in den Vordergrund zu stellen. Alles andere würde mich im Alltag manchmal verzweifeln lassen. Definitiv ist man zwangläufig belastbarer geworden. In der Zukunft sicher mal von Nutzen.

Da fällt mir ein, es gab ein Leben neben der Schule. Was gibt es da zu berichten?

Falsch positive Tests bei Trainingskollegen sorgten für kurzfristige und kurzzeitige Absagen von Training, um nur ein Beispiel zu nennen. Diese und ähnliche unvorhergesehene Ereignisse sorgten für so manche extrem spontane Planänderung. Zudem durften Kinder ihre Eltern zu gewissen Terminen nicht begleiten, weil man möglichst alleine unterwegs und überall sein sollte. Dadurch, dass morgens oft nicht klar war wie der Tag tatsächlich verlaufen würde – vom geplanten Ablauf ging man irgendwann gar nicht mehr aus – wurden aufeinander abgestimmte Dinge unmöglich – auf jeden Fall mussten große Kompromisse eingegangen werden. Den Vater nicht im Krankenhaus besuchen können oder die Kinder eine Weile alleine zu Hause lassen, war so eine Überlegung. Diese Entscheidung wurde mir aber letztlich abgenommen, da beschlossen wurde, dass gar kein Besuch gestattet war, unter keinen noch soviel getesteten Umständen - bei einer Inzidenz von 32,5. Schneller gesund wird man so sicher nicht. Aber das wieder nur am Rande.

Bei anderen Gelegenheiten verbrachten die Kinder auch schonmal eine gewisse Zeit alleine, zu zweit oder zu dritt im Auto, aber ohne Erwachsene. Es machte mich nicht entspannter bei meinen Terminen. Gepaart mit meiner sowieso vorhandenen Ungeduld keine gute Kombination. Apothekenbesuche oder Blutabnahme im Rekordtempo waren unter anderem zwei Resultate, harmlose, zugegeben.

Die Übersicht konnte man dabei bei nahezu Allem verlieren. Kopfkino gab es gratis dazu, nahezu jeden Tag. Was geht wie?, Wie mache ich...?, Wer kann mit?, Was ist wenn...? Was bedeutet es, wenn dies oder das jetzt eintrifft? Denn beim kleinsten Symptom wurden alle Pläne zunichte gemacht und Termine mussten abgesagt werden. Symptomfrei sein war die Devise und jeder kleine Schnupfen wurde zum Schreckgespenst. Es gab Kindergärten und Schulen, die schickten die Kinder nach dem ersten Niesen nach Hause. Allergiker zu sein war wirklich nicht empfehlenswert. Zu Beginn des Winters sah ich mich quasi immer mit einem kranken Kind zu Hause. Mit drei Kindern symptomfrei durch den Winter schien unmöglich. Aber es kam anders. Dank diverser Hygienemaßnahmen gab es lediglich bei unserer Kleinsten zweimal einen Anflug von verstopfter Nase. Unfassbar – ob dies aber im Sinne des Immunsystems ist und ob das auch langfristig so schön ist wie es sich kurzfristig anhört, wird man abwarten müssen. Der Hinterkopf arbeitete durchgehend. Man rechnete lange mit einem Startschuss in den ‚Infektwinter'. Diese und ähnliche Gedanken nahmen viele Ressourcen in Anspruch, weil ich in meinem Fall immer vier bis fünf Personen bedenken musste und einige Institutionen etc. mit einbeziehen musste. Plan B war unabdingbar, Plan C mindestens noch genauso wichtig, Plan D immer noch hilfreich und dass Plan E eintrat, war auch nicht ausgeschlossen. Flexibilität war absolut notwendig, aber oft schwierig. Da fiel der ein oder andere Aspekt wirklich hinten runter – selbst Dinge, die automatisiert schienen.

Ich bin froh, dass es nie gefährlich wurde, weil zum Beispiel Plan B ‚Kind früher unplanmäßig abholen‘ mich hat vergessen lassen, dass ich gerade das Spiegelei in der Pfanne hatte. Denn wenn so ein Anruf kommt, ist man meistens kurz dabei den Müll rauszubringen und dann sowieso in der Nähe des Autos. Kurzer Check im Kopf bevor man losfährt: Türen zu, Herd aus? Herd aus!? Nochmal aussteigen, Herd ausstellen und 60 Sekunden später losfahren. Während der Autofahrt überlegen wie der Tag weitergeht – in der Pandemie hat gefühlt jede Änderung Konsequenzen - und dabei aufpassen, dass man auch zur Schule und nicht zum Kindergarten fährt. Ganz entspannt, kein Problem und nicht die gute Laune verlieren, wenn zusätzlich schlechte Musik im Radio läuft, nachdem man mitbekommen hat, dass das Lieblingslied gerade zu Ende gespielt wurde. Wenn man nicht geblitzt wurde am Ende des Tages, stimmt die Rechnung. Dinge wie Haustür offen stehen gelassen, ohne Portmonee zum Tanken gefahren, Schlüssel in den Mülleimer gefallen und länger gesucht oder falsches Waschmittel benutzt lassen sich genauso verkraften und passieren nunmal, wenn der Arbeitsspeicher überlastet ist. In Sachen ‚viel Lachen können‘ sind diese Momente dazu besser geeignet als der perfekte Tag – zumindest im Nachhinein. Das soll an Alltagsbeispielen reichen, die sich angesammelt haben, weil nichts mehr in Ruhe erledigt werden konnte.

Nun zu den, wie ich sie genannt habe, bedeutenden Missgeschicken, die bei mir wohl nicht auf der Erinnerungs-Deponie landen werden.

Ich habe an einem Freitag, der geprägt war von Chaos und Dingen, die sich überschlagen haben, vergessen unsere Tochter vom Kindergarten abzuholen. Ich weiß, es ist unglaublich. Im eingeschränkten Regelbetrieb machte der Kindergarten um zwei Uhr zu und ich war um die Mittagszeit gedanklich überall, nur nicht bei unserer Kleinsten. Ich kann mich auch herausreden, weil mein Mann die Aufgabe des Abholens hätte übernehmen sollen. Das war schon abgesprochen. Aber mir hätte auffallen können, dass er gegen kurz vor zwei nicht losgefahren war. Um viertel nach zwei rief der Kindergarten an und erinnerte mich daran, dass bei uns zu Hause noch jemand fehlte. Das war mir in fast sieben Jahren Kindergarten noch nicht passiert.

Einige Wochen später gab es Elternsprechtagtermine über SchoolFox. Den ersten von unserem Sohn nahm ich pflichtbewusst wahr. Den zweiten für unsere Tochter vergaß ich, trotz eines Blicks auf den Kalender am Vormittag und der Ansage an mich selbst, an diesen Termin gleich zu denken. Zehn Minuten nachdem ich mich hätte bei SchoolFox einwählen müssen, rief die Klassenlehrerin an und wir besprachen alles kurzfristig telefonisch. Während des Telefonats lief ich durch den Garten und managte vier Kinder, die natürlich genau in diesen zehn Minuten nicht auf mich verzichten konnten oder wollten. Das Telefonat verlief aber zielführend, alle wesentlichen Informationen wurden ausgetauscht; und dass ganz ohne Vorwurf oder Seitenhieb Fehler toleriert werden, kann wirklich helfen. Mitdenken, Alternativen suchen und Lösungen anbieten, wie in den beschriebenen Fällen, sowieso. Trotzdem waren mir diese Situationen natürlich extrem unangenehm, zumal ich von mir behaupten kann ansonsten ein sehr zuverlässiger, pflichtbewusster und pünktlicher Mensch zu sein.

In einer anderen Woche entschuldigte ich mich für eine - wie von mir fälschlicherweise vermutet – versäumte Schulpflegschaftssitzung. Mein E-Mail Account hatte einige Tage gestreikt, meine Mails waren nicht zugänglich und ich unzureichend informiert. Mein Gehirn hatte die Schulpflegschaft um eine Woche nach vorne verschoben abgespeichert. Doch wieder Glück gehabt und so erfuhr ich nach meiner Entschuldigung per School-Fox, dass ich doch nichts verpasst hatte.

Ein anderes Mal brachte ich unsere Tochter eine halbe Stunde zu spät zum Training. Die Trainingszeiten änderten sich häufiger, je nach Vorgabe, wie viele wann wo sein durften. Ich hatte noch die Zeit von der Woche zuvor im Kopf, die aber nicht mehr aktuell war. Grundsätzlich kein Problem, sogar leicht zu erklären. Allerdings hatte ich kurz zuvor noch mit anderen Müttern über eine Mutter gewitzelt, der genau das schon mehrfach passiert war. Sie können sich das Lachen der Mütter vorstellen als rauskam, dass ich nachgezogen war. Aber Sie wissen ja wie wichtig mir das Lachen aller ist. Genau deshalb musste es so kommen. Unbewusst wurde ich quasi gesteuert. Ich konnte gar nichts dafür. Wenn das mal nicht eine extrem kreative Ausrede ist.

Da die Stundenpläne ebenfalls regelmäßig Änderungen erfuhren, habe ich an einem Freitag – als mein Kopf wohl gedanklich schon im Wochenendmodus war – gedacht, dass mein Sohn an der Schule stehen gelassen wurde. Aufgrund veränderter Busfahrzeiten, die nicht mit den Schulzeiten vereinbar waren, wurden unsere beiden Schulkinder seit Beginn des Wechselunterrichts im März nun jeden Präsenztag mit dem Taxi nach Hause gebracht. Die Stadt hat ja eine Beförderungspflicht bei bestimmten Gegebenheiten. Da meine Tochter bereits einmal an der Schule ‚vergessen' worden war, nahm ich an, dass es diesmal meinen Sohn erwischt hatte. Probleme mit dem Taxitransport kannten wir mittlerweile in verschiedensten Varianten. Auch beim Taxiunternehmen kam man sicherlich aufgrund der Vielzahl an Kindern und Fahrzeiten im gesamten Stadtgebiet gepaart mit häufigen Änderungen und Besonderheiten schon einmal durcheinander. Auch die maximale Anzahl an Kindern aus verschiedenen Haushalten und Klassen musste bedacht werden, so dass es z.b. vorkam, dass ein Taxi zu wenig an der Schule stand. Klingt chaotischer als es war, aber es hatte Unterhaltungswert. Wobei ich nicht vor Ort war und die Klassenlehrer alles regeln mussten, was schief ging. Bei uns zu Hause wurde im Zweifel nur das Essen kalt. Als Ausgleich für langes Warten an der Schule oder noch zu organisierende oder alternative Kindersitze bekamen unsere Kinder dann aber meistens nette Unterhaltung auf der Rückfahrt. An diesem besagten Freitag rief ich sicherheitshalber eine andere Mutter aus der Klasse an um zu fragen, wie viele Stunden die Kinder denn heute hätten. Kurz die Kalenderwoche gecheckt und zusammen die entsprechende Mail bei SchoolFox dazu gesucht und schon stand fest, dass unsere Kinder noch eine Stunde in der Schule sitzen. Irgendwie hatte ich den Freitag anders abgespeichert. Aber Freitag ist ja nicht gleich Freitag und der zu diesem Zeitpunkt gültige Stundenplan existierte genau drei Wochen mit A und B Wochen, von denen die erste A Woche freitags einen Brückentag hatte. Somit war dies exakt der einzige Freitag, der so unterrichtet worden war. Ab dem darauffolgenden Montag begann ein neues Modell. Ja, so einfach war das.

Und ja, es ist alles irgendwie gut gegangen und es gibt Menschen, die die eigenen Fehler auffingen, mitdachten, Überstunden machten – wie im Fall der Erzieherin, die mit unserer Tochter am Kindergarten wartete bis ich endlich da war; oder flexibel reagierten und mich z.b. einfach anriefen und mich erinnerten. Vielen Dank an alle, die ich in der Form beansprucht habe. Ich habe versucht, Manches zurück zu geben – ob es mir besonders gut gelungen ist in einer Zeit mit wenig Ressourcen wage ich zu bezweifeln, aber ich habe immer mein Bestes gegeben. Und mehr als Alles kann man nicht geben, wie ich bereits zu Beginn geschrieben habe. Das schlechte Gewissen ließ sich damit aber noch lange nicht besänftigen.

Psychologe musste man als Eltern mittlerweile auch sein, es half enorm, wenn man auf diesem Gebiet eine Begabung mitbrachte. Es wurde viel geweint, gewütet, resigniert, gestritten, schlecht geschlafen und geträumt. Die Kinder brauchten psychisch Begleitung und Hilfestellungen – mal mehr, mal weniger, aber oft viel mehr als sonst. Ich eigentlich auch. Bei ‚24/7 Kinderbetreuung gepaart mit einer Pandemie‘ fehlte dafür jedoch die Zeit, der Raum, die Ruhe und ganz wichtig der Gegenüber ebenfalls mit Zeit, Raum und Ruhe. Meine winzigen Inseln bestanden in fast schon regelmäßigen Laufrunden (in guten Phasen schafften wir einmal pro Woche) mit einem Freund, der Manches auffing und sich anhörte. Ein ganz persönliches Danke ist hier mehr als angebracht. Auch für die Perspektive Halbmarathon. Ein Ziel, egal wie weit weg, kann enorm helfen. In der langen Zeit waren es aber irgendwie zu wenig Zeitfenster und Perspektiven, die für

eine dauerhafte und langfristige Entlastung hätten sorgen können. Einfacher wurde es dadurch nicht. Man tat, was man konnte. Aber häufig mindestens ein Kind psychisch unterstützen zu
müssen bzw. schlecht gelaunte oder gereizte Kinder wieder auf-
bauen zu müssen, ist als Mama wirklich nicht leicht, denn d.h.
schließlich, dass es dem Kind nicht gut geht und dass sieht keine
Mama gerne und erträgt man je nach Situation auch nicht ganz
ohne Schmerz. Ich bin von Grund auf Optimist und lebensfroh.
Aber es gab sie einfach, die richtig schwierigen Tage, an denen
der Humor und die gute Laune und was man sonst noch hätte
alles brauchen können, sich versteckt hatten. Bei allen, und so
konnte niemand den oder die anderen motivieren oder mitrei-
ßen. Übrigens war bei uns das Home Schooling ein sehr entscheidender Faktor. Gute und motivierte Schüler in der Schule
sind dies noch lange nicht zu Hause. Das Bild, was die Klassenlehrerin von meiner Tochter im Telefonat zeichnete, war vorbild-
lich. Die Tage in der Schule liefen, zu Hause lief gar nichts –
nicht ohne Stress jedenfalls. Bei unserem Sohn sah es ähnlich
aus. Home Schooling war unser ganz persönliches ‚Antiwort'.
Das ging bei uns am meisten an die Psyche und an die Bezie-
hung.

Man hörte so Vieles und so viel Ähnliches. Eine Mutter sagte mir
mal: „Ich möchte mich auch mal wieder richtig auf die Kinder
freuen!" Das saß, aber an diesem Satz ist viel Wahres dran. Eltern waren zeitweise chronisch überfordert. Ich gehörte dazu.

Die Nachfrage nach Psychotherapien für Kinder hat um 60 Prozent zugenommen, wenn ich richtig informiert bin. Das ist gravierend. Auch ohne diese besondere Schwere hat jeder wohl
diesbezüglich seine eigene Geschichte, sehr persönlich. Ich ken-

ne niemanden, an dem die Zeit spurlos vorbei gegangen ist und an dem es nicht mittlerweile nagte. So Vieles konnte deprimieren, so Vieles konnte nerven. Es dauerte schon so lange, zu lange. Was konnte helfen? Einfach hinnehmen und immer tiefer sinken, sollte nie eine Lösung sein. Die Pandemie ließ sich nicht wegschreien, nicht ignorieren, nicht schönreden. Manche versuchten es mit leugnen. Auch keine gute Idee. Was haben wir getestet? An spezielle Momente denken, die uns geholfen haben, die gut getan haben und dann haben wir überlegt warum. So oft wie möglich. Wohlfühlorte im Kopf entstehen lassen und in Gedanken dort sein, möglichst einmal am Tag. So kamen wir meist glaube ich ganz gut durch. Ich bin außerdem immer noch der Aussage einer Freundin sehr dankbar, die treffend formulierte: Kuscheln macht stark! Dazu durchatmen. Alternativ half uns Sport. Musik tat gut. Radio hören, besonders Steffi Neu, macht gute Laune und erweitert den Horizont (Danke an Steffi Neu, die mich oft schmunzelnd am Supermarkt ankommen ließ, was meiner Stimmung nicht nur beim Einkaufen gut tat). Aber das ist sehr individuell. Hätte ich meinem Sohn gesagt, endlich mehr Zeit um zu lesen oder mit lesen kannst du dich ablenken o.ä., wäre das Ganze mindestens einseitig ziemlich schief gegangen. Ich dagegen lese sehr gerne, bin aber natürlich quasi nicht dazu gekommen. Ein Buch, was ich schon im ersten Lockdown während meiner Quarantäne geschafft habe zu lesen, war eins von Sebastian Fitzek („Fische, die auf Bäume klettern"). Ein Zufall wollte es, das ich auf dieses Buch gestoßen bin. Thriller lese ich nicht und somit wäre ich normalerweise nicht an diesen Autor geraten, aber dieses Werk kam für mich zum richtigen Zeitpunkt, hat mir geholfen und ganz viel Gutes in mir ausgelöst. Ein wirklich lesenswertes Buch, was ich schon mehrfach weiter empfohlen habe und die Rückmeldungen waren ebenfalls allesamt sehr positiv. Wirklich zu empfehlen. Genug der Werbung. Viel mehr Bücher kamen aber in den folgenden 15 Monaten nicht dazu. Gut, dass Bücher nicht weglaufen, geduldig sind und somit freue ich mich, dass noch einige auf mich warten. Gekauft habe ich schon ein paar. Immerhin. Es heißt, die Vorfreude zu genießen.

So musste jeder seinen Weg finden bzw. die Möglichkeiten durchgehen.

Sensibel und feinfühlig sein war wichtig, aufmerksam bleiben trotz fehlender Pausen und achtsam. Sicher ist dies ohne Ausnahmezustand auch empfehlenswert, aber die Bedeutung nahm zu. Ich möchte damit eigentlich nur sagen, dass man unfassbar viel leisten musste – mehr als geplant, mehr als gewollt und auch mehr als gekonnt - auf so vielen verschiedenen Gebieten. Die Impulskontrolle zu beherrschen war extrem ratsam. Dazu Vieles genauer abwägen und gelassen sein oder werden musste, damit die „Wir können gerade nicht mehr!"-Phasen möglichst kurz gehalten werden konnten und man den gereizten wie sensiblen Seelchen die Aufmerksamkeit und Akzeptanz entgegen bringen konnte, die sie brauchten und verdienten. Dabei aber so achtsam zu sich selber war, dass die Kraft am Ende des Tages noch reichte um sich nicht in der Jeans oder was auch immer man trug – häufig waren es ja auch nur Jogginghosen, wenn man sowieso nicht aus dem Haus musste oder Menschen nur per Videochat traf – ohne sich die Zähne geputzt zu haben schlafen zu legen, nachdem alle oder Teile der Familie schlecht gelaunt mit motzigem Ton zumindest noch gute Nacht gesagt hatten. Es war nicht immer einfach entspannt und zufrieden einzuschlafen, die Gedanken abzustellen und am besten auch noch gut zu schlafen. Durchschlafen wurde mit der Zeit schwieriger und seltener. Meine Nacht hing an der Fähigkeit vierer schlafen zu können und Schlafmangel grenzt auf Dauer selbst als diesbezüglich erfahrene Mutter an Folter. Es galt mit den Kräften mehr denn je zu haushalten. Nicht, dass wir chronisch unglücklich waren – das trifft wirklich nicht zu – aber es wurde immer anstrengender, es gut und im Miteinander hinzubekommen. Es hing so viel von den Maßnahmen und Einschränkungen ab. Wir bekamen es letztlich oft genug (gut) hin, nur der Einsatz dafür war zwischenzeitlich immens. Da ist dann schonmal die Kraft aufgebraucht bevor der Tag zu Ende ist. Die Bilanz stimmte am Ende des Tages trotzdem häufig – so war meine Ansicht oft am nächsten Morgen, aber man wollte ein Ende dieser Situation oder zumindest eine Perspektive in Wochen oder Monaten, auf die man sich einigermaßen verlassen konnte. Man hätte auf ein Ziel hinarbeiten können. Ohne die Ungewissheit wäre es gegebenenfalls besser zu ertragen gewesen. Da mich das Schreiben aber nicht frustrieren soll, ist das Thema jetzt für mich abgearbeitet. Die Aussicht scheint auch besser zu werden. Ich hoffe, dass ist nicht nur wieder so eine Strategie des Gehirns.

Noch etwas ganz anderes, was nicht unerwähnt bleiben sollte. Es gab Dinge, die interessierten sich nicht für Corona und ließen sich auch nicht aufschieben. Ein banales Beispiel aus unserer Lebenswelt war die mittelfristige Notwendigkeit eines Autokaufs.

Besondere Verwunderung bei uns lösten Vorgaben verschiedener Kreise für das Auto Probefahrten aus. Alles war coronakonform geregelt, aber Corona schien sich in verschiedenen Kreisen unterschiedlich zu verhalten. Es gab tatsächlich Dinge neben Corona, aber nicht ohne Corona. Bei uns war es eben u.a. die Idee unser Auto zu wechseln bevor es nach elf Jahren und mit mittlerweile einigen Macken von alleine kapituliert. Die Katze im Sack kaufen ist bei einer solchen Anschaffung nicht das Mittel der Wahl. Also wollten wir Probefahren. Ein E-Auto sollte es werden und da waren Erfahrungswerte nicht vorhanden. Also wurden verschiedene Autohäuser kontaktiert. In Wegberg war im April 2021 Probefahren nicht möglich, im Kreis Viersen war es durch die so genannte kontaktlose Übergabe kein Problem, in der Stadt Krefeld konnte man mit negativem Corona Test in ein Auto steigen. Unglaublich. Jede Kleinigkeit, alle Termine mussten durchdacht, abgewogen und geplant werden.

An einem anderen Beispiel hieß das bei uns, dass ich meine Eltern beauftragte, Dinge für den Garten für mich zu kaufen, weil es für sie schlichtweg einfacher war einen geöffneten Baumarkt zu finden und diesen auch noch zeitnah betreten zu dürfen. Der Kreis Viersen kam wirklich gut durch die Krise, beneidenswert. Aus unserer Sicht. Münster lächelt wahrscheinlich über meine Aussage. Die schöne Stadt in Westfalen stellte so etwas wie das Paradebeispiel dar. 2021 wünschten sich bestimmt Manche ein Austauschjahr oder eine Zweitwohnung in Münster. Aber im Kreis Heinsberg gemeldet zu sein, war grundsätzlich auch ganz ok. Da erging es vielen Kreisen schlechter – wenn man einmal von den ersten Wochen der Pandemie absieht. Hatte man diese Zeit inklusive des Autos – zu Beginn wurden sogar Autos mit dem Kennzeichen HS verkratzt – gut überstanden, stand man zwar irgendwie noch im Fokus des Geschehens, aufgrund von verschiedenen Studien z.b., aber es hätte wirklich schlimmer kommen können.

Die Stadt Krefeld ist so ein Beispiel aus unserem näheren Umfeld. Nur wenige Kilometer trennten uns von den Familien, die auch viele Wochen nach den Osterferien immer noch mit einer Inzidenz über 165 lebten und somit unter allen erdenklichen Maßnahmen der Corona Notbremse zu leiden hatten. Die Kinder dort hatten im Jahr 2021 außer den eigenen vier Wänden wirklich noch nicht viel und auch nicht viele zu Gesicht bekommen und Schule wurde fast zum Fremdwort. In einem Gespräch in Krefeld Fichtenhain – fast auf der Grenze zum Kreis Viersen liegend - erzählte eine Mutter wie sich das Leben in einer kleinen Wohnung ohne Balkon oder Garten mit einer Erstklässlerin, die sich im Home Schooling abmühte, einer Vierjährigen, die kaum noch wusste wie ihre Erzieherinnen aussehen oder ihre Kindergartenfreunde heißen, hochschwanger mit dem dritten Kind anfühlte. Büllerbu war das nicht, nicht ansatzweise und der Satz: „Schön, dann hat man Zeit füreinander!" findet natürlich unter den Umständen auch kein Gehör. Es waren eher Sätze wie „Wir gehen die Wände hoch!", die die Situation treffend beschrieben – ohne dass man sich das wirklich vorstellen konnte oder wollte. Mich hat es sehr beeindruckt wie diese Mutter alles meisterte und dabei noch schaffte, einigermaßen gelassen zu sein – oder vielleicht auch nur so zu wirken. Es gab so viele Helden in der Pandemie. Viele waren es unfreiwillig und hatten keine Wahl, was mindestens einen Orden und eigentlich auch noch viel mehr verdient. Die meisten fanden kaum Beachtung oder Hilfe.

Wir versuchten optimistisch zu bleiben und irgendwie auch dankbar zu sein.

Allerdings sollte man nichts beschönigen. Auch in den Städten und Kreisen nicht, deren Inzidenz etwas niedriger war und die Maßnahmen dementsprechend etwas humaner ausfielen. Fünfjährige, die beim Videochat mit der Oma laut weinen und nur noch brüllen, dass sie zu Oma wollen; Kinder, die merkwürdige Verhaltensweisen oder Kompensationsstrategien entwickelten oder sieben Tage, die vergingen bis ein positiver Fall dem betroffenen Kindergarten vom Gesundheitsamt offiziell gemeldet wurde, sind Erscheinungen, die sicher nicht die Regel, aber mehr als Einzelfälle waren. Solche Dinge wurden bei den wenigen Small Talks, die am Kindergartentor draußen mit FFP2 Maske mit viel Platz hin und wieder mal zustande kamen, ausgetauscht. Viel anderes hatte man ja nicht mehr zu berichten. Da man die Kinder nur noch am Kindergartentörchen abgeben durfte, beschränkte sich die Zeit am Kindergarten auf sehr wenige Minuten. Ich habe es nie versucht, aber man hätte den Programmpunkt ‚Kind in den Kindergarten bringen' sicher auch unter einer Minute schaffen können - wenn man die Wegstrecke herausrechnet, versteht sich. Wieder so ein Rekord, für den ich nicht trainierte. Es sollte für das Kind schließlich entspannt bleiben. Man lief sich mit diesen Rahmenbedingungen aber eben weniger über den Weg, weil die Phase vor Ort schlichtweg viel kürzer geworden war. Der gemütliche ‚Kaffeeklatsch' in den Tag, der manchen Morgen vor Corona schonmal versüßt hatte, war komplett abgeschafft.

Zum Abschluss wollte ich die Härte für uns alle als soziale Wesen exemplarisch noch einmal verdeutlichen. So sozial wie möglich ohne Risiko war die Devise. Aber selbst das, was es konkret bedeutete, war eigentlich zu hart. Und damit meine ich nicht die Gespräche mit anderen Eltern am Kindergarten, sondern im

Ganzen den so stark reduzierten sozialen Kontakt. Eine Wahl hatte man nicht.

Abschließend kann man sagen: Das Ganze war zu lang, zu viel und im Detail nicht beherrschbar. Die Dimension war gigantisch.

Die Corona Notbremse

Im April 2021 schaffte es das Wort Corona Notbremse wohl zum Wort des Monats - oder zum Unwort, je nachdem wie man dazu stand, denn die Lager entfernten sich voneinander und Harmonie und Einigkeit oder wie auch immer man es nennen möchte, wurden eher zum Fremdwörtern. Nicht optimal.

Nach den vielen Hürden, die dieses neue Gesetz nehmen musste, passierte es den Bundesrat und wurde letztlich von unserem Bundespräsidenten Frank Walter Steinmeier unterschrieben. Das ganz große Programm, nur schneller als gewöhnlich. Ende April stand nach kurzer Entstehungsphase dann fest, es gibt einen einheitlichen Weg für Deutschland, geknüpft an Inzidenzwerte. Theoretisch war es egal, wo man in Deutschland lebte, praktisch konnten wir jetzt sehr dankbar sein, im Kreis Heinsberg zu wohnen. Denn der Inzidenzwert lag zwar oberhalb der wichtigen 100er Marke, aber immer noch ein Stück entfernt von der 150er bzw. 165er Marke, die wieder weitreichendere Einschränkungen bedeutet hätte. Und damit gehörten wir zu den Familien, die ihre Kinder weiter in den Wechselunterricht und in den Kindergarten schicken konnten und auch der Einzelhandel z.b. durfte mit Click&meet weiter arbeiten – vorerst, kurzfristig, aber immerhin. Längerfristig denken hatte man sich mittlerweile völlig abgewöhnt. Unser Sohn durfte nun beim Fußballtraining nur noch mit vier weiteren, anstatt wie in den Wochen zuvor mit 9 weiteren, Mannschaftskollegen kicken, aber nach fast fünf Monaten im Herbst und Winter gänzlich ohne Training war das zu verkraften, auch dank der Trainer, die sich immer wieder neue

Dinge einfallen ließen um die Kinder bei Laune zu halten und die fehlende Möglichkeit zusammen zu spielen zu kompensieren. Was ein Fußballspiel gegen andere Mannschaften war bzw. wie sich das anfühlte, konnten die Kids nur noch erahnen. Aber der Ball rollte immerhin zweimal in der Woche.

Viele Kinder und auch viele Erwachsene konnten ihren Sport, ihre Hobbys, seit November gar nicht mehr ausüben. Unsere Jüngste traf es besonders, weil sie mitbekam wie ihre Geschwister zeitweise zum Training gingen. Ballett ging nur noch via zoom und turnen fand für unsere Jüngste schon lange gar nicht mehr statt. Eines Tages fragte sie mich, ob sie wieder turnen dürfe, wenn sie besser wäre. Ich fand heraus, dass sie mit gerade vier Jahren meinte zu schlecht zu sein, weil ihre Geschwister ihre Sportarten eingeschränkt ausüben konnten und sie selbst eben kein Training hatte. Wahnsinn, welche Schlussfolgerungen die Kinder teilweise zogen. Natürlich versuchten sie Dinge für sich zu erklären, die sie nicht verstanden. Wichtig, dass man darüber sprach um Vorwürfe zu entkräften und Schuldgefühle zu nehmen. Alle mussten irgendwie sehr viel wegstecken.

Insgesamt guckten viele Familien in Nachbarkreisen erst einmal neidisch auf unseren morgendlichen Wecker und die Termine im Kalender. Dass ich mich als eher Eule einmal so sehr über einen Signalton morgens freuen würde, der mich aus meinen hoffentlich nur schönen Träumen reißt, zu einem Zeitpunkt, bei dem die Uhr noch eine sechs vorne anzeigt, war vor einem Jahr noch recht unrealistisch – es sei denn, er war der Startschuss für die Fahrt in einen Urlaub. Ich sage nie wieder nie – selbst die seit Jahrzehnten trainierten Neuronen gingen jetzt einen anderen

Weg. Interessanter Weg die Freude auf Kleinigkeiten zu fördern oder zu fordern.

Allerdings wusste niemand wie es wem eine Woche später ergehen würde. Zermürbend, frustrierend und ähnliche Worte waren oft die Beschreibungen, die man in den digitalen Treffen oder privaten Nachrichten verwendete und versendete – ohne sich dabei einmal richtig trösten zu können, denn dafür hätte es Nähe bedurft.

Natürlich gab es auch Ende April, wie seit über einem Jahr mittlerweile, schon bzw. immer noch Einschränkungen für uns im Kreis Heinsberg, da wir nicht zu den einzigen zwei Kreisen gehörten, die es noch geschafft hatten, unter 100/100000 zu liegen. Und selbst diese Kreise konnten sich natürlich nicht frei bewegen und sich treffen wie oder machen, was sie wollten.

Was bedeutete die Corona Notbremse konkret Ende April für uns fünf? Überraschenderweise änderte sich keine Woche nach der Allgemeinverfügung des Kreises wieder einmal etwas in unserem Alltag. Immer, wenn ich den Fehler begangen hatte, mehr als zwei aufeinanderfolgende Tage mit Terminen in den Kalender einzutragen, konnte ich in der Regel durchstreichen, ändern oder musste Zusatzinformationen eintragen (darauf war Verlass und es erhöhte die Spannung) wie ‚An den tagesaktuellen Corona Test denken'. Diese Bemerkung schrieb ich u.a. neben die Frisörtermine aller Anfang Mai. Zu klären war nur noch, ob ein Selbsttest reichen würde oder das Testzentrum angefahren werden musste. Also erst einmal wieder genauer nachlesen, damit nichts schief geht. Am schnellsten ging es mit einem Anruf bei unserer Frisörin, die mir mitteilte, dass es leider ein tagesaktueller Test des Testzentrums sein müsste. Dies stellte mich wieder vor kaum zu meisternde Herausforderungen. Da ich mit den Kindern nicht gleichzeitig zum Frisör gehen konnte, da es sonst zu viele Personen pro Quadratmeter gewesen wären, hatte ich zwei Termine vereinbart. Nach mehreren Monaten mussten wirklich alle mal wieder zum Haare schneiden. Zunächst an einem Dienstag Anfang Mai unsere Mittlere und ich. „Den Termin muss ich leider canceln", dachte ich zunächst, da ich das Testzentrum in den Tagesablauf mit Schule, Kindergarten und Co. nicht rechtzeitig einbauen kann. Sie können sich die Reaktion der Frisöre vorstellen. Meine Frisörin sagte mir, dass viele Kunden absagen würden und sie eigentlich fast wieder schließen könnten. Nur die Hilfe vom Staat - die zwar spät kam, aber sie kam - nun nicht mehr beantragt werden könne, da die Frisöre ja öffnen dürften. Ohne Kundschaft hilft das Schild ‚offen' aber auch nicht. So ging es übrigens nicht nur den Frisören. Es wurde nicht einfacher. Tests waren nicht beliebt. Aber eben ein ‚must have'.

Im Kleinen wurden die Ressourcen geklaut, die man gerne an anderer Stelle gehabt und gebraucht hätte. Ich kann nicht sagen, wie viele Stunden in das (Um-)Planen und Organisieren gesteckt werden musste. Natürlich machte man das, weil man einfach froh war, dass man etwas planen und organisieren konnte, aber es wäre gelogen, wenn man sagen würde, es hätte nichts mit einem gemacht. Nichts Gutes, zumindest empfindet man es in der Situation so. Das an sich gute Motto „Love it, change it or leave it!" ist in einer Pandemie irgendwie nicht anwendbar. In der Nachbetrachtung hat man hoffentlich neue Kompetenzen gewonnen, die man irgendwann prima einsetzen kann. Ich hatte ja schon von einer höheren Belastungsgrenze geschrieben und die Frustrationstoleranz war sicherlich auch angehoben worden.

Alles irgendwie nützlich. Vorausgesetzt es geht gut aus und man findet den Weg zurück. Zurück klingt nicht gut. Alte Energie, Gewohntes, Geliebtes und Alltag wiederfinden trifft es vielleicht eher. Übrigens auch wenn ich oft ‚man' schreibe, weil Menschen in meiner Umgebung Vieles ähnlich schilderten, schreibe ich natürlich letztlich über mich bzw. von unserer Familie aus meiner Sicht. Zum Verarbeiten klang ‚man' besser als ‚ich'. Ich fühlte mich direkt nicht mehr so allein. Verrückt.

Wie war das Leben mit der Corona Notbremse über mehrere Wochen verteilt. Es kommt der Versuch einer Schilderung der Gefühle, die sich zwischen hoffen und bangen meistens bewegten. Die Kuriositäten und Absurditäten waren aber ebenso permanent präsent und sorgten für so manche weitere Running gags und Gesprächsstoff.

Am besten lässt es sich für unsere Familie am Beispiel Sport und Schule zeigen. Da erzähle ich Ihnen nichts Neues nach über 100 Seiten. Die ersten zwei Wochen der Corona Notbremse überstanden wir im Kreis Heinsberg halbwegs unbeschadet, auch wenn der Blick auf die Inzidenz nach einer Woche Ungläubigkeit auslöste. Auf einmal waren wir doch bei 155. Das Bangen begann, aber im Laufe der Woche fiel der Wert auf 123. Glück gehabt, könnte man meinen. Während immer mehr Wissenschaftler dafür plädierten nicht nur die Inzidenz mit den dazugehörigen letztlich recht willkürlich festgelegten Grenzen für die Maßnahmen heranzuziehen, wurde der Alltag aber eben tatsächlich davon bestimmt. Wie muss es sich nur für Geschäftsinhaber angefühlt haben, die beinahe täglich überlegen mussten, was übermorgen wieder anders ist.

Nach zwei Wochen Notbremse erreichten auch wir die doppelt kritische Zahl von 165, um genau zu sein, das RKI gab die Zahl 165,5 für unseren Kreis am Montag, den 03.Mai ein. Das Zittern begann. Noch zwei Tage über dieser Marke und am Donnerstag wäre sowohl der zweite Präsenztag in der Woche für die beiden Großen ein Home Schooling Tag von ein paar Folgenden oder vielleicht auch vielen Folgenden und ich müsste unserer Vierjährigen wieder einmal von spontanen Ferien des Kindergartens erzählen – wie sollte ich ihr sonst dieses Auf und Zu, du darfst vs. du darfst nicht, Manche dürfen und Manche nicht erklären. Mein Mann musste auch beide Pläne parat haben – Schüler live vs. Schüler am Bildschirm, spontane Umplanung am Vorabend inklusive. Natürlich geht das Alles, und auf der Intensivstation lächelt man wahrscheinlich über diese Probleme, aber es zermürbte langsam ziemlich. Besonders, weil in den Medien auch immer wieder glaubhaft andere Meinungen zu hören waren und vieles nicht mehr logisch erschien. Ja, das Gießkannenprinzip muss in so einer Situation sicher sein, ist aber im Kleinen äußerst anstrengend und machte auch manchmal wütend.

Noch bevor der Inzidenzwert wieder gestiegen war, gab es auch erneut Änderungen für den Trainingsbetrieb der Fußballmannschaften (und aller anderen Sporttreibenden selbstverständlich auch, aber ich kann nur für die Sportarten sprechen, die wir ausüben, da ich die Regelungen für alle anderen nicht kenne). Die Trainer brauchten jetzt vor jedem Training einen tagesaktuellen negativen Corona Test, die Anzahl der Spieler pro Einheit wurde noch einmal reduziert und der Abstand wieder auf fünf Meter erhöht. Wir sprechen von Sport draußen! Fußball wurde beinahe zur Individualsportart und machte den Kids auch entsprechend weniger Spaß. Ich musste also meinem Sohn am Vorabend erklären, dass das Training am nächsten Tag für ihn leider ausfiel, weil pro Trainingseinheit einige Kinder aussetzen mussten, weil nicht genug Trainer und Platz vorhanden war um die Vorgaben umsetzen zu können. Reih um war man immer wieder dran zu pausieren. Zwei Spieler pro Trainingseinheit. Bei 12 Spielern insgesamt ist das auch nicht selten. Der sozial so wichtige Vereinssport, welches schon reduziert war, wurde weiter gekürzt. Sie können sich die Reaktion eines Neunjährigen vorstellen, für den das Training seit kurzem wieder ein Highlight zweimal in der Woche war.

Dass z.b. einige Kinder ihre im Winter dazugekommenen Kilogramm in den Wochen zuvor, in denen nahezu normal trainiert worden war, wieder teilweise loswerden konnten und insgesamt schlichtweg alle glücklicher waren – wie der Trainer unseres Sohnes berichtete - durfte irgendwie keine Rolle spielen. Wir waren teilweise sogar erschrocken wie sich manche verändert hatten in den Monaten, in denen man sich nicht gesehen hatte.

Mir sind keine Ansteckungen oder Ausbrüche in dem Rahmen bekannt, trotz hoher Inzidenz im März. Fußball draußen schien sicher, selbstverständlich mit Hygienekonzept. Trotzdem wurde bei deutlich sinkenden Zahlen, über Wochen unter 100, diese Maßnahme lange nicht zurück genommen. Bei den Maßnahmen passierte gefühlt nicht mehr viel im Sinne der wissenschaftlichen Erkenntnisse zum Infektionsschutz, sondern sehr viel zum Leid der Kinder und natürlich auch der Jugendlichen, die sowieso seit über einem Jahr mehr taten als sie müssten (um die Pandemie einzudämmen; ich spreche von denen, die sich teilweise mehr als sinnvoll an die Regeln hielten) und vor allem mehr als sie eigentlich konnten, Kollateralschäden über einen langen Zeitraum inklusive. Die Kosten-Nutzen-Rechnung fiel für die Jüngeren recht schlecht aus. Ich spreche hier von Kindern auf dem Land, mit viel Natur und Platz und zumeist auch guten Rahmenbedingungen. Ich möchte mir die Konsequenzen für so manche andere Wohngegend nicht ausmalen. Die Politiker anscheinend auch nicht. Sie merken, der Beginn des Buches war optimistischer und auch witziger. Es fiel mit der Zeit immer schwerer. Das Buch soll ja authentisch bleiben.

Kinder konnten nicht einmal diese Regeln brechen, wenn sie wollten. Das haben an vielen Stellen die Erwachsenen für sie getan, weil sie oft nicht mehr konnten oder nicht mehr wollten. Verbotenes haben wir nie gemacht, aber an die Grenze des Möglichen sind wir häufiger gegangen – anders hätten wir diese Zeit als Familie nicht gut überstanden. Doch, ich glaube, es war tatsächlich nicht erlaubt, als wir am 1.Mai meine Eltern in unseren Garten einluden um mit ihnen den Geburtstag meiner Mutter zu feiern. Meine Eltern sind mittlerweile seit gut drei Wochen immerhin das erste Mal geimpft, was einen gewissen Schutz bietet. Wir waren draußen – bei windigem Wetter, ich habe noch eine ordentliche Portion Antikörper (zwei Wochen vorher erst festgestellt), mein Mann und die Kinder waren in der Schule recht frisch getestet worden und auch sonst konnte ich keinen Grund finden, der eine Gefahr dargestellt hätte. Wollte man alle Risiken ausschließen, sollten wir besser nur mit einem Moskitonetz bekleidet in den Garten gehen um nicht von irgendeinem Tier gestochen zu werden gegen das man eventuell allergisch sein könnte. Ein Helm ist dann wahrscheinlich auch sinnvoll. Ich denke, es ist klar, worauf ich hinaus möchte. Alle kannten die Regeln und wussten wie sie sich zu verhalten hatten. Trotzdem waren wir zwei Haushalte und in dieser Zeit durfte nur eine

Person ab 14 Jahren eines zweiten Haushaltes einen anderen Haushalt besuchen. Ich hätte also mit allen Kindern zu meinen Eltern fahren können – ohne meinen Mann oder mein Vater hätte zu Hause bleiben müssen. Alternativ hätte mein Vater aber auch den Kuchen im Auto essen können, auf der Straße oder wo auch immer – nur nicht auf unserem Grundstück. Mein Vater hätte aber auch während wir Kuchen essen mit dem Hund spazieren gehen können und sich anschließend mit meiner Mutter abwechseln können, so dass nur einer zeitgleich bei uns ist. Klingt verrückt, nicht wahr? Ich weiß noch nicht einmal, ob es jetzt tatsächlich so wie wir es gemacht haben, verboten war, aber ich kann wohl 100%ig behaupten, dass wir niemanden gefährdet haben. Ganz im Gegenteil tat es meiner Mutter sehr gut, nach mehr als einem Jahr wieder einen Geburtstag von ihr zusammen zu feiern.

Welche Regeln reizten wir noch aus? Die so genannten Spieldates mit verschiedenen Freunden der Kinder verhinderte die soziale Isolation und war Balsam für die Seelen, auch wenn es oft schwierig war zu managen, wer wo spielte, damit bei drei Kindern nicht auf einmal sechs Kinder aus vier Haushalten in einem Haus waren, was glaube ich übrigens fast immer erlaubt war – so lange sie unter 14 waren. Wir waren strikt dagegen uns für EINEN Freund entscheiden zu müssen wie es zeitweise vorgeschlagen wurde. Das wollten wir den Kindern nicht auch noch antun. Verständlich, hoffe ich. Es wurden Spieldates teilweise nur draußen vereinbart, was der kälteste April seit 1977, der zudem – genau wie der Mai – oft verregnet war, aber auch nicht immer zuließ. Es wurden Treffen mit Geschwisterkindern abgemacht um die Anzahl der Haushalte zu reduzieren und es wurden zeitlich begrenzte und hintereinander gelegte Verabredungen geplant. Die Logistik dahinter war ein enormer Aufwand, können Sie sich vorstellen. Gab es Überschneidungen, mussten Absprachen mit den Eltern getroffen werden. Die Selbstständigkeit der Kinder in diesen Bereichen konnte so auch nicht gefördert werden, genauso wenig wie die spontane Aktion der Größeren, einfach mal zum Freund zu fahren, was zugegebenermaßen bei dieser Größenordnung eher nebensächlich war. Aber erwähnt werden darf es deshalb trotzdem.

Natürlich geht es immer noch schlimmer. Menschen in anderen Teilen der Erde würden sich über diese Probleme freuen. Aber das Gehirn passt sich an. Der Mensch wächst in einer gewissen Umgebung auf und da hilft die Not der anderen nicht weiter. Außerdem schaffen es insbesondere Kinder nicht, immer das Positive zu sehen und zu finden, wenn das Langzeitgedächtnis zu wenig positive Erfahrungen abspeichern kann und nicht Freude, sondern Corona die Tage zu oft dominiert. Obwohl die Fähigkeiten der Kleinen einen auch schon mal überraschten diesbezüglich, war es zu lange. Die Perspektive fehlte über einen großen Zeitraum.

Aber natürlich waren wir froh über das ein oder andere Privileg oder die ein oder andere erfolgreich diskutierte Öffnung in bestimmten Phasen. Immerhin wurde hart erkämpft, dass man bis 24 Uhr alleine joggen gehen durfte. Na bitte. Es gab doch Freiheiten. Selber schuld, wer die nicht nutzte. Wer ansonsten mit der Ausgangssperre nicht ganz einverstanden war, konnte sich – wenn als Jogger zu tarnen nicht in Frage kam – einen Hund leihen oder sich einen mindestens 12 Jahre alten Hund kaufen, der einem zumindest die Zeit während der Pandemie etwas erleichterte. Spaß, Ironie und Sarkasmus beiseite, auch wenn es manchmal wirklich gut tut.

Unsere Mittlere durfte als Kaderturnerin immerhin unter strengen Auflagen weiter trainieren - symptomfrei, negativ getestet, Zettel ausgefüllt und unterschrieben, Hände gewaschen, Maske auf und satt gegessen. Ok, den letzten Punkt finde ich nur als Mama verpflichtend. Der Ausgleich durch das Training war nicht nur für unsere Tochter wichtig. Zwar mussten auch die Kaderturnerinnen, bis auf ganz wenige Ausnahmen, zwischen November und Februar mit dem Training in der Halle aussetzen – ich spreche wieder nur für unsere Region, Allgemeingültigkeit gibt es in diesem Buch äußerst selten - und auf zoom umsteigen, aber ab März bereits wieder Hallensport ausüben zu dürfen, war ein großes Privileg für wenige. Zu den Glücklichen zählte unsere Tochter.

Sie sehen und sie wissen sicher auch aus eigener Erfahrung, die Notbremse hatte es in sich und zumindest lief man nicht Gefahr, einzurosten – nicht geistig. Wenn man das Lesen und Denken nicht aufgab.

Ende April kamen dann noch die Tests in die Kindegärten. Zwei pro Woche pro Kind, zur quasi freien Verfügung. Wir nutzten sie für ein gutes Gefühl, sagen wir für ein besseres Gefühl und unsere Kleinste war stolz auch zu den Großen zu gehören. Denn Tests machten bisher nur die Großen. So schafft man bei den Kleinen ein Gefühl von Zu(sammen)gehörigkeit. Gut, ich weiß nicht, ob alle Kindergartenkinder diese Tests gerne gemacht oder überhaupt gemacht haben. Unser Kindergartenkind fand es jedenfalls erst einmal spitze.

In der Schule wurde ebenfalls weiter fleißig getestet und auch hier lief es mal besser mal schlechter. Mal brauchten einige Kinder bis zu drei Tests an einem Morgen, weil entweder der Deckel von dem Behälter mit der Flüssigkeit abgesprungen war oder das Wattestäbchen auf den Boden fiel. Mal fehlte die Flüssigkeit im Behälter, die übrigens von den Betroffenen oft selbst oder durch die Lehrkraft erst befüllt werden mussten. Alles kleine Hürden, aber im Großen und Ganzen lief es sogar bei den Grundschülern erstaunlich gut. Auch wenn durch die morgendlichen Testungen weitere wertvolle Unterrichtszeit verloren ging. Zugegebenermaßen ist das Wort steril in diesem Zusammenhang anders zu definieren als in einem Testzentrum – zumal unsere Tochter auch nicht die Einzige war, die nach dem Test regelmäßig nießen musste und man einfach hoffen musste, dass in dem Rahmen keine Corona Viren dabei waren, aber diese Tests ermöglichten eine Form von Präsenzunterricht. Und das Wort Armbeuge schaffte es früh in den Wortschatz sogar der Kleinsten aufgenommen zu werden. Dieser Hygienestandard war verinnerlicht.

Tests waren Alltag geworden. Unser Sohn nahm es auch ziemlich teilnahmslos hin im Gegensatz zu unserer Tochter, die länger brauchte, dies zu akzeptieren und sich daran zu gewöhnen. Unser Sohn war es aber dafür später eher satt und war kurz davor alles zu verweigern, wofür es einen Test brauchte. Aber auch das Motto „Never change a winning team" wurde nicht lange verfolgt. Mitte Mai wechselte man auf die so genannten Lolli-Tests, zumindest die Grund- und Förderschulen taten das. Öfters mal was Neues. Anstatt Stäbchen in die Nase hieß es jetzt Stäbchen in den Mund. Lolli klang auch prima. Die Enttäuschung gehörte dazu als die Schüler feststellten, dass die Entwickler sich für die Geschmacksrichtung Kreide entschieden hatten, passend zur Schule. Es gab aber auch Kinder, die sagten, es schmecke eher nach vergammelter Kiwi. Aber darum ging es natürlich nicht. Langeweile kam so zumindest nicht auf. Die vielen Millionen für die neuen Tests hatte man anscheinend ebenfalls noch übrig. Dass es noch vor kurzem eine Testknappheit gegeben hatte, war kaum noch vorstellbar.

Die Schulleitungen freuten sich sicher enorm über die zahlreichen neuen SchoolFox Nachrichten, die an die Eltern geschrieben werden mussten und den neuen Rhythmus, der festgelegt werden musste, weil der Lolli Test den strikten Wechsel von Präsenztag und Home Schooling verlangte. Das Modell mit den zwei festen Präsenztagen, bei unseren Kindern mit zwei Home Schooling Tagen am Stück und einem Wechseltag war nicht Lolli Test kompatibel. A und B Wochen mussten her. Die Schultage im Kalender mussten bei uns nicht neu eingetragen werden. Ich hatte ja gelernt und mittlerweile gar nicht mehr weit im Voraus eingetragen, also maximal eine Woche – wenn ich euphorisch war. Bevor alles wieder so negativ scheint, soll der Hinweis nicht unterschlagen werden, dass die Lolli-Tests in der Praxis deutliche Vorteile mit sich brachten (in erster Linie ging es deutlich schneller und war wesentlich einfacher durchzuführen) – so lange niemand im Pool positiv war; denn es gab kein Einzelergebnis mehr, nur noch ein Gruppenergebnis mit der Eventualität individuell nachtesten zu müssen, inklusive mindestens einer kleinen Mini-Quarantäne.

Für den Frisörtermin im Mai brauchten wir aber dann doch das Testzentrum. Irgendwie schaffte ich es auch, pünktlich mit immerhin zwei Kindern an einem der beiden Termine getestet beim Frisör zu erscheinen. Einmal fertige Bolognese beim Metzger des Vertrauens gekauft, schnell Spaghetti dazu gekocht, die Großen am Vorabend noch zum Home Schooling gezwungen und schon hatte man diese gute halbe Stunde plus X – je nach Wartezeit - über um das Testzentrum am Mittag einzubauen. So einfach konnte ein Frisörbesuch sein. Es musste halt nur wieder akribisch geplant werden. Ganz nebenbei waren die Mitarbeiter des Testzentrums der Überzeugung, man solle so kleine Kinder nicht für einen Frisörbesuch mit Maske auch noch zusätzlich mit diesem doch recht unangenehmen Stäbchentest quälen. Aber es half ja nichts. Unsere Tochter fasste es wie folgt zusammen: „Es brannte wie Feuer, aber immerhin kann ich jetzt mitreden!" Einstellung passt und unsere Frisörin hatte etwas zu schmunzeln. Quasi eine gute Tat an dem Tag. Es galt wieder einmal, es mit Humor zu betrachten und das Positive aus der Sache zu ziehen.

Erstaunlich fand ich, dass man ungetestet zum Zahnarzt durfte. Es gibt wohl nur wenige Gegebenheiten, wo sich die AHA Regeln so schlecht einhalten lassen wie beim Zahnarzt. Dass Notfälle nicht getestet werden müssen, leuchtet mir ein, aber um das Risiko zu minimieren, wären Tests für alle Kontroll- und sonstigen geplanten Termine möglich gewesen. Es wird seinen Grund haben. Man muss ja auch nicht alles verstehen. Und als unsere Tochter sich beim Treppe hochstolpern zwei bleibende Zähne locker geschlagen hatte, waren wir auch nicht undankbar, ohne weitere Einschränkungen, schnell zum Zahnarzt zu können. Ebenso bei den weiteren drei Zahnarztbesuchen, die dem Unfall noch folgten. ‚Ende gut, alles gut' gilt hoffentlich nicht nur für die Zähne unserer Tochter.

Der Versuch einen Türgriff zu ersetzen

Es ist der 05. Mai als ich auf die Idee komme mit dem Nachweis des Wegberger Testzentrums, dass ich coronafrei bin, zum Baumarkt zu fahren. Da meine beiden Mädels einen Tag zuvor mit mir einen Frisörtermin hatten, waren wir um ‚Stäbchen in die Nase bis auf Augenhöhe' nicht herum gekommen. Und es waren seitdem erst 22 Stunden vergangen. Noch exakt zwei Stunden Zeit diesen beinahe ‚Freifahrtschein' effektiv zu nutzen. Da Blumenerde, Erdbeer- wie Gemüsepflanzen für das Hochbeet ebenso fehlten wie z.b. ein neuer Griff an der Gartentür, erschien der Baumarkt als Priorität 1 auf meiner Liste. Der Große in der Schule, die Kleine im Kindergarten. Somit nur eine Siebenjährige, die Home Schooling Tag hatte und die sich ganz gut auch eine halbe Stunde alleine beschäftigen kann, zur Not meine Telefonnummer kennt um anzurufen und ab ins Auto. Die sich ständig ändernden Regeln gepaart mit der Tatsache, dass für viele Geschäfte noch lange nicht das Gleiche galt, sorgten letztlich dafür, dass ich zwar vor geöffneten Türen stand, aber nicht hinein durfte. Warum auch immer meine Eltern im benachbarten Kreis Viersen ohne Test und Termin in den Baumarkt durften und hier die einzige Eintrittskarte Gewerbeschein hieß, versuchte ich gar nicht mehr zu verstehen. Andere, denen es ähnlich ging wie mir, aber schon. Es wurde heftig diskutiert, sagen wir besser Frust abgelassen. Dazu später ein paar beispielhafte Ausschnitte. Wir standen mit zunächst sieben Personen in einem kleinen Vorraum und durften dort warten. Darauf, dass Bestellungen herausgegeben, Fragen beantwortet und Manchen einfach irgendwie geholfen wurde. Drinnen im großen Baumarkt war viel Platz und wenige Menschen suchten Sachen für die draußen Stehenden zusammen um sie dann an die Tür zu reichen. Die Kassiererin kam an die Tür und rechnete ab. Während man so wartete, kam man ins Gespräch und bekam Gespräche mit. Von der älteren Dame, die unverrichteter Dinge wieder fuhr mit dem Satz: „Ich wollte doch nur ein paar Neonröhren. Dann sitze ich heute Abend eben im Dunkeln." Über die Versuche den Mitarbeitern des Baumarktes, die ihr Bestes gaben, zu erklären, was man denn jetzt genau bräuchte: „Ne, nicht DEN Bunsenbrenner. Den mit dem Schlauch. Und eine große Gasflasche. Dazu bitte ein möglichst langes Feuerzeug. Ich möchte mir ja die Pfoten nicht verbrennen." Bis zu den Handwerkern, die aus dem Kreis Borken jeden Tag auf andere Baustellen in verschiedenste Kreise fuhren um dort zu arbeiten und dafür schonmal kurzfristig Material brauchten. Das schien bisher nie ein Problem gewesen zu sein. Doch an diesem Baumarkt reichte nicht der Code des Firmen-Kundenkontos, sondern ein Gewerbeschein musste her. Das war den Arbeitern neu und auf den Hinweis eines Baumarktmitarbeiters, eine Vollmacht vom Chef würde genügen, sagte einer der beiden: „Der sitzt in Wesel. Ich kann nicht bis Wesel fahren um mir diesen Wisch abzuholen." Es war am Ende wieder ein netter Baumarktmitarbeiter, der alles im Markt zusammensuchte und damit verhinderte, dass eine Baustelle nicht weiter arbeiten konnte oder eine längere Fahrt in einen benachbarten Kreis hätte angetreten werden müssen um das Material völlig legal selbst aus einem Baumarkt zu holen. Hier sind sie wieder, die vielen kaum beachteten Helden des Alltags. Auch mir besorgte dieser Mitarbeiter meinen erhofften Türgriff, wenn auch in weiß, weil silber nicht vorrätig war, aber ich musste zumindest in der Folge nicht jedes Mal an die Gartentür, wenn ein Kind nach draußen gegangen war, um die Tür von innen zu schließen, weil von außen kein Griff mehr vorhanden war. Im Alltag sehr hilfreich dieses kleine Hilfsmittel aus Kunststoff. Es war leider 10 Grad und windig Anfang Mai, so dass eine dauerhaft offen stehende Tür zum Wohnraum keine gute Option war. Aufgrund der vielen Anliegen der Menschen im Vorraum dauerte die Aktion auch über eine halbe Stunde.

Neben vielen Diskussionen und Unverständnis, was ertragen werden musste, mussten die Mitarbeiter möglichst ein Gute-Laune-Rezept haben. Denn diese Atmosphäre den ganzen Arbeitstag ertragen zu müssen, ist sicher nicht einfach. „Das gibt es doch nicht!", „Das kann doch wohl nicht wahr sein!", „Die spinnen doch!" waren die meist ausgesprochenen Sätze in dieser halben Stunde. Allerdings gab es auch einen amüsanten Moment als ein ‚Ich wäre gerne Kunde dieses Baumarktes' für sich feststellte: „Wenn man jetzt schon nichts mehr zum Basteln und Gärtnern kaufen kann, dann bleibt einem ja nur noch Pommes essen und Fernseh gucken. Was soll man denn sonst im Lockdown noch machen?"

Ich war definitiv um ein Erlebnis reicher.

Zur Aufklärung meines Unwissens sei gesagt, dass ich herausfand, dass aktuell die Inzidenz im Kreis Heinsberg zwar ähnlich der im Kreis Viersen war. Der Kreis Heinsberg in der Woche zuvor unglücklicherweise für drei Tage über 150 lag und somit von Click&meet auf geschlossen umgestellt werden musste. Für eine Woche etwa. Es war wirklich schwer up to date zu sein.

Immun oder nicht immun? – Das ist hier die Frage

Was mich die gesamte Zeit über beschäftigt hat, ist die Frage nach der Immunität. Es gibt viele Dinge, die ich nicht verstehe. In den meisten Sprachen dieser Welt verstehe ich kein einziges Wort zum Beispiel oder was soll das heißen, in einem Vakuum ist nichts? Was ist denn bitte nichts? Wie kann es sein, dass ich über einen Bildschirm quasi ohne Zeitverzögerung jemanden sehen kann, der in Australien sitzt? Wieso bezahlen Menschen ein Vermögen für ein Auto? Von diesen Fragen gibt es viele? Und meistens habe ich sogar eine Erklärung warum ich keine Antwort habe. Entweder habe ich die Sprache eben nicht gelernt, mein MINT-Bereich im Gehirn ist nicht gut genug ausgebildet oder wie andere sagen würden, ich bin halt eine Frau oder meine Mentalität ist einfach eine andere als die von anderen Menschen, aber dass die Experten die so wichtige Frage nach der Immunität nur so unglaublich unzureichend beantworten können, beunruhigt mich. Nicht, weil ich Angst vor diesem Virus habe, denn das habe ich überhaupt nicht. Sondern weil ich Angst um das Leben und die Einstellung zum Leben langfristig gesehen habe. Es gab Phasen, da schien es, das Problem sei nicht zu lösen und wir müssen bis zum Ende der Menschheit mit Lockdown Maßnahmen und Hygienekonzepten leben.

Mein Hausarzt sagte mir unmittelbar nach meiner Erkrankung, er hätte keine Angst vor mir. Ich liebe ehrliche Worte. Nein, im Ernst, er hat damit natürlich gemeint, dass er sich sicher war, dass ich immun sei und somit von mir keine Gefahr ausginge. Die Frage war wie lange. Ich hörte die Prognose ein bis drei Jahre. Das hörte sich doch gut an. Durch die Pandemie komme ich damit auf jeden Fall, dachte ich; und bis zu dem Moment, wo ich impfberechtigt bin, auch. Puh, das wird jetzt vielleicht doch knapp, oder? Da ich erst ab Sommer wieder als Lehrkraft gelistet bin und die Impfpriorisierung am 07.Juni fällt, dazu Impfstoff für die 12- bis 16jährigen zurückgehalten werden soll, im Juni 2021 nahezu nur Zweitimpfungen anstehen, kann es durchaus sein und ist vielleicht auch gar nicht so unwahrscheinlich, dass ich ungeimpft ins neue Schuljahr starte. Mein Hausarzt setzte mich Ende Mai auf seine Liste, sagte aber, ohne Priorisierung werde es dauern. Ich bin zu gesund, nicht wichtig genug und außerdem schlichtweg zu jung um schon dran zu sein.

Meine Kinder finden es in der Regel nicht so schön für etwas noch zu jung zu sein. Ich versuche ihnen dann meistens die Vorteile zu erklären. Jetzt konnte ich lange nach meiner Kindheit wieder nachvollziehen wie es sich anfühlt. Es gab andere Situationen in meinem Leben, in denen ich zu jung wirkte oder aussah. Diese Missverständnisse konnte ich aber aufklären und somit blieb eher ein gutes bis erheiterndes Gefühl – also etwas ganz anderes als das Gefühl des ,nichts ändern könnens'. Sie fragen sich jetzt, wann ich so unglaublich jung aussah, obwohl ich es nicht mehr war (aus Sicht sehr junger Menschen; das Wort jung ist sehr flexibel und absolut relativ)? Das erzähle ich nicht ungern. Mir ist das, laut meinem Gedächtnis, dreimal passiert. Das erste Mal wollte man mir ein alkoholisches Getränk in Australien verweigern, weil man vermutete, ich sei noch keine 21. Ich war 26. Ein weiteres Mal bat man mich, das Lehrerzimmer zu verlassen, weil Schüler keinen Zutritt hätten. Das war am ersten

Tag in meinem Referendariat. Ich war immer noch 26. Das dritte Mal wollte ich für meine Schüler die Medaillen nach dem Köln Marathon abholen als man mir sagte, dass nicht Schüler, sondern Lehrer die Medaillen abholen müssten. Da war ich Ende 20. Da ich davon ausgehe, dass sich nichts Wesentliches geändert hat, kann ich ohne aufzufallen somit noch lange auf Ü30 Feten gehen, wenn so etwas denn irgendwann wieder stattfinden sollte. Das nur nebenbei. Ich hatte zu Beginn bereits geschrieben, das Buch soll auch mir gut tun.

Zurück zum Thema Impfterminvergabe. Alternativ stundenlang oder eher tagelang am Computer zu sitzen oder überall das Handy in der Hand zu haben um minütlich auf aktualisieren zu gehen, damit ich meine Spritze vielleicht mit Glück früher bekomme, kam nicht in Frage. Ich hatte weder die Zeit noch wollte ich meine Zeit so verbringen. Letztlich, nennen wir es, unglücklich, dass die Menschen zuerst geimpft werden, die das können und machen und nicht die, die es vielleicht dringender brauchen. Da spreche ich nicht in erster Linie von mir. Als Lehrerin habe ich ab Sommer natürlich wieder viel Kontakt zu Schülern, aber in meinem Alter komme ich mit dem Corona Virus normalerweise klar – ich spreche für mich persönlich ja sogar aus Erfahrung - und vorerkrankt bin ich auch nicht. Ein Restrisiko ist im Leben grundsätzlich dabei. Vielleicht ist auf mein Immunsystem ja Verlass.

Drei Monate nach meiner Infektion gratulierte der Lungenfacharzt mir zu einer außergewöhnlich hohen Zahl an Antikörpern. Prima, läuft. Kurz nach meinem Covid19 Jahrestag machte ich rein interessehalber einen weiteren Antikörpertest. Auch die Menschen in meiner Umgebung fanden es lohnenswert und

fragten häufig wie es denn so um meine Immunität stehen würde. Mein Wert war auch mehr als ein Jahr danach noch hoch.
Meine Körperpolizei, wie das Immunsystem in Kinderbüchern
und Co. oft genannt wird, hatte wirklich gute Arbeit geleistet.
Zusätzlich sagte man mir, es gäbe noch weitere Zellen, die man
nicht so eben im Blut nachweisen könnte, die aber sicher auch da
wären und darüber hinaus Schutz bieten würden. Hervorra-
gend, sollte man meinen. Es gab und gibt aber unzählige aber.
Zum einen war nicht geklärt, ob man ggfs. ansteckend sein
konnte. Also war es möglich, das Virus in sich zu tragen und
weiter zugeben. Damit war man zwar selbst geschützt, aber alle
anderen ohne Antikörper eben nicht. Dieser Umstand beein-
flusste auch entscheidend die Corona Politik. Die Frage nach der
Dauer der Immunität war zudem völlig offen und schien sogar
individuell unterschiedlich sein zu können, zumindest nach
durchgestandener Infektion. Bei der Impfung schien es etwas
klarer zu sein – mindestens sechs Monate. Die Notwendigkeit
der Auffrischungsimpfung schwelte somit schon zu Beginn der
Impfperiode genauso mit wie die Frage des Umgangs mit den
Genesenen, wozu ich und wahrscheinlich auch meine Familie
plus Millionen weiterer mittlerweile gehörten. Mich wunderte,
dass es Menschen gab, die kurz nach ihrer Erkrankung geimpft
wurden – zumal im Beipackzettel empfohlen wurde, dies frühestens nach sechs Monaten zu tun. In Zusammenhang mit der
Impfstoffknappheit ein seltsames Phänomen.

Eine weitere Unbekannte und der wohl größte Gegenspieler war
die Mutation. Ein Virus mutiert, wenn ich richtig informiert bin,
immer. Da machte das Corona Virus keine Ausnahme. Häufig
gab es Virusvarianten, die im Fall von Corona in der Regel nach
ihren ‚Herkunftsländern' benannt wurden, weil ihr offizieller

Name aus Buchstaben und Zahlen bestand, die sich kaum unterschieden und schwer zu merken waren. Und die Namen beinhalteten dann direkt auch eine Art Schuldigen. Ach, guck mal, die Briten oder die Brasilianer haben uns das eingebrockt. Die Chinesen waren irgendwann als Ursprung völlig out. Keiner sprach mehr über die „bösen" Asiaten, die in der Anfangszeit sogar öffentlich angefeindet wurden. Da fehlten mir übrigens die Worte. Nicht jeder war in der Lage seinen Verstand einzusetzen. Auch das ist leider eine Erscheinung der Krise gewesen. In jeder Krise braucht es anscheinend Schuldige. Die ganz nebenbei keine waren bzw. sind. Deshalb hat man Anfang Juni entschieden, die Varianten umzubenennen. Einfach, nach griechischen Buchstaben, ohne konkrete Zuordnung.

Was bedeutet die Frage nach der Immunität und der Umgang damit denn jetzt für unsere Zukunft? Allerlei Prognosen und Empfehlungen waren zu hören und zu lesen. Für mich recht kurios wurde es, als ein Arzt mir sagte, ich sei im Prinzip zwar immun, aber aufgrund der Virusvarianten eben nur zum Teil und ich sollte aufpassen und mich auch schnell impfen lassen – wogegen grundsätzlich nichts spricht. Meine Schlussfolgerung darüber hinaus – vielleicht bin ich des logischen Denkens auch nicht genug mächtig - war, wir können uns nicht 100%ig schützen. Nicht gegen Corona und nicht gegen so Vieles andere. Somit sollten wir die Risikogruppen und noch ein paar mehr, soweit möglich, impfen – übrigens möglichst weltweit und uns da solidarisch zeigen mit den weniger Privilegierten. Dazu sollten wir uns vernünftig verhalten und das normale Leben wieder hochfahren, mit steigender Impfquote und spätestens wenn allen ein Impfangebot gemacht werden konnte. An welchen Punkt meinen wir denn zu kommen? Unerreichbar, selbst für ein Land wie Deutschland, wo es für und gegen alles eine Versicherung oder zumindest ein Formular gibt. Gefahrlos wird das Leben nicht. Und wenn selbst doppelt Geimpfte wegen eines minimalen Restrisikos behandelt werden wie nicht Geimpfte, weil gerade in einem Land auf der Welt eine neue Variante aufgetreten ist, dann müssen wir uns dauerhaft an dieses Pandemieleben gewöhnen – oder verstehe ich da etwas so falsch? Diese Ungewissheit und Unklarheit hat die Perspektivlosigkeit zwischenzeitlich sehr verstärkt, weil alle Parolen und Versprechungen („wenn erst einmal ein Großteil geimpft ist"...) so haltlos und unehrlich wirkten. So kam es mir vor und damit hatte mein Kopf so seine Probleme. Die Tage, die mein Vater drei Wochen nach seiner zweiten Biontech Spritze im Krankenhaus verbrachte, gehörlos, umgeben von Menschen mit Maske, ohne Besuch, zusätzlich bei Aufnahme getestet, haben meinen Gedanken nicht gut getan. Sich nicht zu trauen bei einem getesteten, isolierten und vollständig geimpften Menschen die Maske kurz abzunehmen um sich mit ihm verständigen zu können, lässt mich erschrecken. Soviel Macht sollten wir unserer Angst nicht geben. Glücklicherweise änderten sich diese Ansicht und die Aussagen zu dem Thema zu Beginn des Sommers. Es hörte sich auf jeden Fall bei Vielen anders an.

Die Diskussion um die Privilegien und die Umsetzung dieser für die Geimpften und Genesenen ist zum Zeitpunkt der Fertigstellung des Buches noch so in den Kinderschuhen, dass ich mich entschieden habe, das nicht miteinzubeziehen. Genauso der damit aufkommende Impfneid, das Posten der Impfpässe und die geglückten Versuche, sich beim Impfen vorzudrängeln. Es hatte auf unseren Alltag auch zu wenig Konsequenzen, so dass es da von meiner Seite nicht wirklich etwas zu schreiben gibt. Aber um dieses Thema werden sich sicher interessante Aspekte bilden und bestimmt ließe sich daraus die ein oder andere Geschichte jetzt schon erzählen. Ich hebe es mir auf für andere Gelegenheiten. Ab Mitte Mai etwa übernahmen jedenfalls die drei Gs – Geimpfte, Genesene, Getestete – das Kommando. Weiterer Verlauf ungewiss.

Anfang Juni brauchte man zum Shoppen oder für die Außengastronomie – ja, so etwas gab es wieder - schon keinen Test mehr. Für den Frisör auch nicht. Zumindest nicht hier, wo die Inzidenz bereits konstant auf unter 35 gefallen war.

Der 31.Mai wurde tatsächlich so etwas wie mein persönlicher Feiertag. Die Kinder morgens ungewöhnlich fröhlich und leichter als vermutet aus den Betten zu bekommen. Besonders unsere Mittlere freute sich riesig die eine Hälfte ihrer Klasse nach einem halben Jahr endlich wieder zu sehen. Ab neun Uhr war ich dann komplett kinderfrei. Alle dort, wo sie gerne sind – und das mit einer Perspektive, also womöglich war das jetzt fünf Tage in der Woche so, für fünf Wochen – dann sind bei uns in NRW Sommerferien. Gut, erst einmal drei Tage, weil mit Fronleichnam samt Brückentag zwei Tage wegfielen in dieser Woche, aber das konnte die Laune nicht trüben. Nachmittags ging ich dann noch Kleidung für die Kids shoppen, ohne lange Vorbereitungen. Socken und Hosen kaufen in kürzester Zeit. Hinfahren, rein gehen, aussuchen, bezahlen, nach Hause fahren. Es fühlte sich beim Reingehen richtig unwirklich an. An die vielen Menschen um einen herum musste ich mich auch erst wieder gewöhnen. Das nahm ich gerne in Kauf. Aber die drei Gs behielten ihre Bedeutung: in der Schule, in Innenräumen generell oder für die anstehende Urlaubssaison.

Getestet worden bin ich schon häufiger, genesen einmal. Mal sehen, wann das dritte und wichtigste G für die Normalität dazu kommt.

Ganz nebenbei bin ich durch den immer wiederkehrenden Frust zwischenzeitlich schokoladensüchtig geworden. Diese Immunität hatte ich also verloren. Auch nicht gesund. Früher habe ich mir auch gerne abends einmal Schokolade gegönnt, aber dass ich mittags eine halbe Tafel esse, weil ich es in dem Moment einfach gebraucht habe und es schlichtweg einfacher war als sich einen mindestens genauso leckeren Obstsalat zu schnibbeln, kam vor Corona nicht vor. Die Schokolade tat gut und war auch nicht verboten. Langfristig sollte es aber keine Alternative werden. Also ich bitte auch im Sinne meiner weiteren Gesundheit um eine Perspektive und gesunden Menschenverstand. Von der kurzfristigen ‚Corona Gesundheit' wird man nicht alt. Die Corona Antikörper alleine helfen dem Immunsystem nicht, allem Stand zu halten und den Körper lange durch das Leben auf dieser Erde zu begleiten. Dieser Aspekt sollte im Sinne aller – und das ist auch Solidarität – nicht vergessen werden.

Ich träume von der 116117

Springen wir noch einmal einige Wochen zurück. Es ist März 2021. Ich habe den ersten Jahrestag meiner Covid19 Erkrankung ‚feiern' dürfen, im kleinen Kreis nur, klar. Manchmal bin ich mir nicht sicher, ob ich überhaupt mit meinen Kindern mit geschlossenen Fenstern, ohne mindestens eine OP Maske und einem Abstand, der unser Esstisch für fünf Leute nicht zulässt zusammen frühstücken darf, wenn zeitgleich meine Mutter per Videochat zugeschaltet ist und Bruno, das Gruppenkuscheltier aus dem Kindergarten, mit am Tisch sitzt. Dann sind wir sechs Personen und ein ‚Haustier' aus zwei- bis zweieinhalb Haushalten und der Abstand zum Bildschirm beträgt nur wenige Zentimeter. Das ist wahrscheinlich nur zwischen elf Uhr abends und fünf Uhr morgens erlaubt, es sei denn, wir würden vielleicht im Saarland wohnen, da dürfte man bis 22 Uhr und ab 6 Uhr morgens wieder oder ist es in einer Modellregion doch völlig anders– und welchen Inzidenzwert darf eine Region praktisch wirklich haben usw....etwas überspitzt dargestellt, aber so oder ähnlich wirr kommen einem die Maßnahmen langsam vor. Ich bin mir oft nicht sicher, ob ich häufig einfach schlecht informiert bin, meine Kapazitäten diese Vielfalt nicht mehr zulassen oder die Änderungen zu schnell sind und über zu wenig Kanäle transportiert werden. Wie auch immer…

Klar ist mittlerweile, um diese Maßnahmen wieder loswerden zu können, müssen wir möglichst eine Herdenimmunität erlangen und da das über eine Masseninfektion aufgrund der Kapazitäten im Gesundheitssystem nicht vertretbar ist und die Sterbefälle ebenso vermieden werden müssen, bleibt nur die Impfung. Die schlauen Köpfe sind Deutschland doch noch nicht ausgegangen, u.a dank Migration, und wir haben eine sensationellen, hochwirksamen Impfstoff in kürzester Zeit entwickelt, den wir leider nur nicht verimpfen können, weil wir vergessen haben neben dem Entwickeln auch zu bestellen. Anfängerfehler – kann ja mal passieren.

Anfang des Jahres dachte ich noch, dass es dann eben bis zum Frühjahr dauert bis meine lungenvorerkrankten, gehörlosen Eltern Mitte 70 endlich ihre erste schützende Spritze bekämen. Wie naiv von mir. Der Startschuss zum Impfen wurde nicht nur medial gefeiert, jeder Tag früher wurde so hart erkämpft, dass man annehmen konnte, dass es einen Unterschied machte, ob am zweiten Weihnachtstag, am 29.12. oder doch erst am 30.12. die erste Dosis gespritzt werden sollte. Machte es für die Bevölkerung nicht, da zunächst so wenig Impfstoff vorhanden war, dass selbst Menschen aus der Priorisierungsgruppe 1 eine Wahrscheinlichkeit auf die Impfung hatten, die einer Chance auf einen großen Lottogewinn gleichkam. Und das blieb auch noch eine Weile so.

Die Idee war, alle Menschen, denen ein schwerer bis tödlicher Verlauf droht als Erstes zu schützen, gefolgt bzw. parallel zu denen, die ein erhöhtes Infektionsrisiko haben. Auf meine Eltern traf beides zu. Als gehörlose Menschen ist es schwierig, die so wichtigen und einzig wirksamen Maßnahmen neben der Isolation, die nicht immer möglich ist, namens AHA Regeln einzuhalten. Versuchen sie mal Lippen zu lesen, wenn der Gegenüber eine Maske trägt. Versuchen sie mal aus einer größeren Entfernung von den Lippen abzulesen. Das schaffen sie selbst nach fast 70 Jahren Training nicht – und das haben meine Eltern hinter sich. Das ist keine wage Vermutung und somit ist das Infektionsrisiko erhöht. Man könnte sich tatsächlich fragen, warum meine Eltern nicht einfach in Isolationshaft gegangen sind, was bestimmt psychisch prima zu ertragen gewesen wäre, wenn einem der Sinn hören schon fehlt. Unglücklicherweise geht eine Heizung auch oder meistens sogar gerade im Winter kaputt und die Arzttermine lassen sich auch nicht alle um Monate bis Jahre verschieben. Meine Eltern mussten ein wenig mit dem Feuer spielen. Mit der Vorerkrankung COPD bei meiner Mutter und Sarchoidose bei meinem Vater (für Laien: das sind beides Erkrankungen der Lunge) in Kombination mit einem gewissen Alter muss man kein Mathematiker oder Virologe sein um zu wissen, dass eine Infektion mit dem Corona Virus äußerst wahrscheinlich fatale Konsequenzen hätte. Grund genug für eine Impfung? Theoretisch schon, also wie in Deutschland so üblich, fast notariell beglaubigt, aber in der Praxis mit Wartezeit verbunden, weil in erster Linie der Impfstoff fehlte, mancher bessere Beziehungen hat und man eben nicht als 73jährige in der Grundschule arbeitet, sondern als 25jährige und somit priorisiert wurde, wie man so schön oder unschön sagt. Ein wenig Sarkasmus muss an dieser Stelle einfach sein, ohne dass ich jemandem damit persönlich einen Vorwurf machen möchte oder die Impfberechtigung absprechen möchte. Die vielen Diskussionen und Änderungen der Priorisierungsgruppen regten, sagen wir mal, zum Denken an.

Bei meinen Eltern begann alles mit der Einstufung in Priogruppe 2, wie man ja so salopp formulierte. Menschen über 70 kommen nach den Menschen über 80, ganz grob und auch recht logisch.

Es folgte eine Härtefallregelung Anfang März, die meine Eltern in der Priogruppe 2 die vordersten Plätze reservierte. Nach vielen Telefonaten mit dem Bürgertelefon, dem Gesundheitsamt, zwei Hausärzten und einer weiteren Hotline wurden die widersprüchlichen Aussagen sortiert, gefiltert, gereinigt und auf gut Glück verwertet. Atteste wurden besorgt, formlose Anträge gestellt, die Registrierung beim Impfzentrum erreicht. Der Sekt war kalt gestellt. Schon wieder sehr naiv, aber ich bleibe ja ein optimistischer Mensch und der Platz im Kühlschrank war ja da. Kaum hatte man den Haken hinter diese Aufgabe gesetzt, erfuhr ich – wie so viele andere – dass die Härtefälle nun doch nur bei den Hausärzten und dass frühestens nach Ostern – ich glaube, gemeint war tatsächlich 2021 – geimpft werden sollten. Das Impfzentrum schrieb unverzüglich eine Mail, dass aus Datenschutzgründen alle Atteste gelöscht werden und alle zuvor getätigten Schritte überflüssig gewesen seien.

Die Hausärzte schilderten mir allerdings ihre Probleme und es schien unmöglich zeitnah dort eine Impfung zu bekommen – Kapazitätsprobleme in Form von fehlendem Impfstoff sowie als onkologische Schwerpunktpraxis gepaart mit vielen Härtefällen und fehlenden Vorgaben sorgten für Ratlosigkeit in den von mir zwei kontaktierten Hausarztpraxen. Was aber auch nicht weiter schlimm war, da diese Regelung sowieso nur einige Tage Bestand hatte und irgendwie doch wieder möglich war, Härtefälle im Impfzentrum zu impfen. Es war genauso chaotisch wie es sich hier anhört. Ich bin mir nicht sicher, ob meine Eltern – die mir für meine Hilfe wirklich sehr dankbar waren und sind – in dieser Zeit nicht an meiner Kompetenz gezweifelt haben. Alle paar Tage erzählte ich ihnen etwas anderes.

Jetzt, weiterhin irgendwann im März, konnte ich meine Eltern als Härtefälle auf eine Warteliste für überschüssige Impfstoffe setzen lassen – bei Impfstoffknappheit eine interessante Formulierung für diese Liste - was ich natürlich unverzüglich tat. Die dazugehörige Software konnte allerdings nur eine Telefonnummer zu jeder Person speichern – ja, das ist wieder kein Witz. Digitalisierung, Fortschritt – es gibt Nachholbedarf. Unbestritten. An vielen Stellen. Die Pandemie hat Vieles offensichtlich gemacht und „Postillion", „Extra3", „Heute Show" und Co. haben sich für ihre Witze manchmal wirklich nicht anstrengen müssen. Die Schlagzeile alleine reichte für viele Lacher aus – leider war die Lage sehr ernst. Aber ich danke diesen Medien trotzdem für die nötige Portion Humor um in dieser Zeit das Lachen nicht zu verlieren.

Nach vielen Überlegungen, ob meine Nummer oder die meiner Eltern mehr Sinn macht bei dieser Lotterieliste (nach meinen Informationen standen 2000 Härtefälle in dem Impfzentrum auf der Liste für 0-5 überschüssige Impfdosen pro Tag) anzugeben, entscheid ich mich vielleicht für die falsche. Ich wohne 30 Minuten Autofahrt entfernt von meinen Eltern und bei einer kurzfristigen Alarmierung durch das Impfzentrum würde die Zeit zu meinen Eltern zu fahren und sie abzuholen um sie zum Impfzentrum zu bringen nicht reichen. Gehörlose Menschen kurzfristig zu alarmieren per Telefon ist so unmöglich wie es klingt bzw. ein absolutes Glücksspiel. Wie befürchtet, verpassten meine Eltern ihre Chance auf eine Impfung Ende März, weil sie nicht innerhalb einer halben Stunde am Impfzentrum waren. Sie hatten die Nachricht schlichtweg zu spät gesehen. Nicht gut – denn im Falle einer Infektion ist laut einer Ärztin meine Mutter höchstwahrscheinlich tot. Bei meinem Vater stehen die Chancen ggfs. ein klein wenig besser, aber die Erfahrung beatmet zu werden, braucht sicher niemand. Besser man fordert sein Glück nicht heraus.

Nach diesem deprimierenden Erlebnis habe ich eine Woche lang quasi hauptberuflich versucht einen Impftermin für meine Eltern zu bekommen, für meine impfberechtigten Eltern – ohne Erfolg. Ich habe zahlreiche Telefonate geführt und E-Mails geschrieben. Ich habe Nummern in Erfahrung gebracht, die nicht für die Allgemeinheit zugänglich waren. Ich habe Tipps bekommen mit der Bitte nichts davon zu erzählen und Anweisungen, die jeder Pressemitteilung und Vorgabe widersprachen. Ich bin dabei auf viele Menschen gestoßen, die man tatsächlich als sehr menschlich bezeichnen kann; fast schon Engel, die helfen wollten, aber die Bürokratie war stärker und fehlender Impfstoff als Hauptursache des ganzen Dilemmas für so vieles lässt sich eben mit keinem noch so menschlichen Charakterzug wettmachen.

Da ich mit meinen Sohn häufiger zusammen drei ??? Kids Geschichten lese, habe ich kurz überlegt, ob man daraus nicht eine spannende Detektivgeschichte machen könnte. Kann man bestimmt – mit dem richtigen Autor. Dafür bin ich nicht die Richtige, aber im Frühling 2021 hätte ich durchaus nutzen können um eine Detektivausbildung zu beginnen. Ich fühlte mich auf jeden Fall wie vor eine unlösbare Aufgabe gestellt, obwohl dies theoretisch ganz einfach hätte zu lösen sein müssen. Alle Menschen nett, alle absolut verständnisvoll, jede Menge Ansprechpartner und Anlauf- wie Auskunftsstellen, aber keiner eben so richtig verantwortlich – wie eben bereits angedeutet. Zwischenzeitlich war meine Mutter noch aus der Warteliste genommen worden. Die Software hatte sie fälschlicherweise gelöscht und ich wusste tagelang nicht, ob sie durch meine E-Mail mit der Bitte um Korrektur bzw. Wiederaufnahme erneut aufgenommen wurde in die wohl einzige halbwegs mögliche Aussicht auf zeitnahe Impfung. Egal welche Software, man konnte sich darauf verlassen, dass es größere Pannen gab. Immerhin eine Konstante, und Zuverlässigkeit gibt Sicherheit. Sie hören wieder Sarkasmus in meinen Worten. Da verstehen Sie etwas falsch. Ich möchte Ihnen nur erneut Raum zum Spekulieren und Denken lassen. Ich nehme Ihnen nicht alles ab und Sie haben sicher auch Ihre Erfahrungen gemacht mit manch einer von mir beispielhaft beschriebenen Situation.

Dann kam der 04. April. Ostersamstag. Der Tag, an dem alle Menschen über 60 in NRW einen regulären Impftermin vereinbaren durften. 500000 AstraZeneca Dosen waren zu vergeben. Diesmal stellte ich keinen Sekt mehr kalt. Aus Fehlern sollte man lernen. Die Hotline war von acht bis 22 Uhr freigeschaltet. Die Onlinebuchung wurde empfohlen. Beides ging nicht. Der Server war selbstverständlich und wie zu erwarten völlig überlastet. Die Leitungen der Hotline ebenso. Ich gehe schon davon aus, dass dem Gesundheitsministerium bekannt war, wie viele Menschen welcher Altersklasse in Deutschland bzw. NRW leben. Deprimierend war es trotzdem. Aber so schnell lasse ich mich weder entmutigen noch wird man mich so schnell los. Nach ich weiß nicht wie vielen Versuchen und dem Mantra „Leider sind alle unsere Leitungen zurzeit belegt. Bitte versuchen sie es zu einem späteren Zeitpunkt noch einmal!" kam ich gegen halb acht Uhr abends in die Warteschleife. Die Kinder mit ungesundem Abendbrot vor den Fernseher und KIKA gucken lassen und alle Ressourcen auf Impftermin geschaltet. Nach 27 Minuten der immer wieder kehrenden Ansage: „Zurzeit sind alle unsere Mitarbeiter im Gespräch. Der nächste freie Mitarbeiter ist für sie reserviert!" hatte ich tatsächlich einen freundlichen jungen Mann am Apparat, der kurz fragte, ob meine Eltern auch über 60 seien und mich darüber aufklärte, dass Impftermine für den Impfstoff von AstraZeneca vergeben würden. Nachdem der Rahmen geklärt war und er dann noch erfragt hatte, in welchem Impfzentrum, also in welcher Stadt, meine Eltern geimpft werden müssten und wo das Impfzentrum zu finden war, teilte er mir mit, dass es einen Systemfehler gäbe und er keine Termine buchen könnte. Er könne nichts für mich tun, aber die Hotline sei ja bis 22 Uhr freigeschaltet und ab acht Uhr Sonntagmorgen auch wieder. Ich solle es doch einfach weiter versuchen. Ich suchte vergebens die versteckte Kamera. Meine drei Kinder, die mittlerweile tatkräftig mit weiteren Telefonen ebenfalls versuchten anzurufen – meine siebenjährige Tochter tatsächlich bis 22 Uhr - „weil es doch so wichtig ist für Oma und Opa", waren ihre Worte. Sie wusste nach so vielen Stunden genau, welche Zahlenkombination zu drücken war, ohne die Ansagen hören zu müssen. Erst Wahlwiederholung, dann die 1 für die Weiterleitung zum Bereich Corona Impfung, anschließend die 2 um in die Leitung zur Terminvergabe zu kommen, weiter mit der 1 um anzukündigen, dass man für Angehörige in einem anderen Landkreis anruft, gefolgt von der PLZ meiner Eltern...das war es schon, abgesehen von sehr viel Geduld und hoffen. Gemeinsam mit mir gingen die drei dann niedergeschlagen um halb elf ins Bett (unsere Kleine war bereits auf der Couch eingeschlafen), ohne auch nur einmal noch bis in die Warteschleife gekommen zu sein.

Nachts um halb vier versuchte ich mein Glück erneut über das Internet – in der Annahme, dies sei die perfekte Zeit – aber es waren bis September keine Termine buchbar. Jeder Tag war grau

unterlegt mit dem Hinweis: Dieser Termin ist noch nicht buchbar. Das habe ich bis heute nicht verstanden, denn etwas anderes
habe ich bei all den zahlreichen Versuchen nie zu lesen bekommen. Die möglichen grünen Felder für freie Termine habe ich
ebenso wenig auch nur ein einziges Mal angezeigt bekommen
wie die roten für belegte Termine. Mit meinem scharfsinnigen
detektivischen Gespür und der dazugehörigen logischen
Schlussfolgerung kam ich zu dem Ergebnis, dass es wohl überraschenderweise ein Software Problem geben muss. Anderer
Browser, Tablet, Handy, Rauchzeichen – nichts half. Der Account schien nicht zu funktionieren, trotz bestätigter offizieller
Registrierung. Auf dem digitalen Weg war nichts zu machen.
Aber da meine Eltern nicht die einzigen waren, die geimpft werden wollten und durften, ältere Menschen bekanntermaßen wenig Schlaf benötigen, schlug ich mich bildlich mit tausenden in
NRW um diese wieviel auch immer Mitarbeiter in dem belieb-
testen Call Center NRWs.

Es ist Ostersonntag, 7:56 Uhr. Ich nehme das Handy und das
Festnetztelefon in die Hand und um 7:59 Uhr wähle ich parallel
die 116117. Das stimmt nicht ganz. Ich drücke die Wahlwiederholung. Mein Handy schafft es in die Warteschleife, die Fest-
netzleitung bekommt sofort einen Korb. Während das Handy
die Warteschleife erneut erträgt, mit schlechter Musik und nach
sechs Minuten das erste Mal wieder einmal mit der Ansage, dass
der nächste freie Mitarbeiter…na, sie wissen schon, schafft es
das Festnetztelefon an diesem Morgen nicht auch nur den
Hauch von Beachtung zu finden. Aber einen weiteren Systemfehler schloss ich in Gedanken jetzt kategorisch aus und be-
schloss, dass Ostersonntag ein guter Tag sei um endlich einen
Impftermin zu ergattern. Gute 25 Minuten später hatte ich eine

nette Frauenstimme am anderen so wichtigen Ende der Leitung. Wieder die Fragen vom Vortag, die ich alle souverän beantworten konnte und dann der entscheidende Satz, der mir wirklich kurzfristig die frühmorgendliche Energie raubte: Leider sind alle Termine vergeben. Es gibt keine Termine mehr. Ich habe noch ein paar Minuten mit der Frau telefoniert und wohl auch ein wenig meinen Frust an der ja völlig unschuldigen Frau ausgelassen, aber die Alternative wäre absolute Sprachlosigkeit gewesen und dafür wollte zu viel aus mir raus. Ich blieb zwar sachlich, sagte aber bestimmt, dass das alles nicht sein könne und dass es zumindest schön wäre bevor man den Ostersonntagmorgen mit Warteschleifen verbringt und die Kinder warten lässt, obwohl diese längst die bunten Eier und Co. suchen wollen, zu erfahren, dass es völlig sinnlos ist anzurufen. Als Erklärung erhielt ich die Antwort, dass am Osterwochenende kaum einer arbeite, deshalb keine Daten übermittelt würden und es deshalb so unglaublich unglücklich laufen würde, dass ganz viele das gleiche Schicksal erleiden mussten wie ich. Ich gab als Anregung nur an, dass man dafür gar keine Menschen bräuchte, sondern genau solche Dinge prima von Computern erledigt werden könnten. Zusätzlich eine Bandansage aufsprechen und einige Call Center Mitarbeiter könnten ebenso in Ruhe zu Hause das Osterfest feiern wie alle Menschen, die versuchen durchzukommen. Bei mir war der Spuk ja zumindest schon um halb neun beendet, da ich schnell durchgekommen war. Sie stutzen bei dem Wort schnell? Die Call Center Mitarbeiterin sagte mir, es gäbe Menschen, die würden drei bis vier Stunden in der Warteschleife hängen. Wenn das ein Scherz war, war er schlecht. Wenn das die Wahrheit war, war das noch schlechter. Wenn es dazu diente mich aufzubauen, war es ein gelungener Versuch. In dem Moment fühlte ich mich fast schon wie ein Glückspilz. Wie die Ansprüche in kürzester Zeit sinken können. Faszinierend. Ich traute mich kaum, meiner Mutter diese Nachricht zu schreiben. Ich tat es aber alleine schon deshalb, weil sie sowieso nachgefragt hätte und die Nachbarin meiner Eltern ebenfalls für sich am Telefon saß. Somit konnte ich dafür sorgen, dass sie sich nicht weiter vergeblich mühte. Die Stimmung war also entsprechend. Eigentlich hatte ich überall gesagt, Ostern dieses Jahr ist schon ein echter Fortschritt, nachdem wir im letzten Jahr Ostern in Quarantäne waren und ich erst Karfreitag aus dem Krankenhaus immer noch recht krank entlassen worden war. Wirklich besser fühlte es sich in dem Moment aber dann doch nicht an. Drei Kinder mit der Vorfreude auf das, was im Garten vom Osterhasen auf sie wartete, war aber eine funktionierende Ablenkung.

Gegen Mittag kam aus dem gefühlten Nichts eine Whats App Nachricht meiner Mutter, mein Vater wäre vom Impfzentrum alarmiert worden und hätte rechtzeitig reagiert. Ich hatte meinen Eltern quasi befohlen, die Augen immer auf dem Handy Display zu haben. Mein Vater hat also schon einmal auf mich gehört – gut erzogen. Er könne um 13.15 Uhr zum Impfen kommen. Manchmal gewinnt man eben doch im Lotto. Ich hatte gar keinen Sekt kalt. Auch vollkommen egal, Glück lässt sich selbst mit Leitungswasser per Videochat feiern. Mission impossible begann seine Standhaftigkeit zu verlieren. Gegen zwei Uhr meldete mein Vater Impfung erfolgreich erledigt. Zweitimpfung am 16.Mai. Durchhalten bis Ende Mai und mein Vater kann wieder angstfrei zum Arzt, Optiker, den Handwerker ins Haus lassen und was am Wichtigsten ist die Enkel in den Arm nehmen. Auch eine anstehende OP wurde jetzt auf Ende Mai terminiert. Mein Vater ging jetzt ein wenig beruhigter an so Einiges. Da wir allerdings immer noch mitten in der Pandemie steckten, war es aber durch die Impfung nicht schlagartig einfacher geworden. Das Problem der Verständigung aufgrund der Maskenpflicht blieb. Auch hier möchte ich Ihnen ein Beispiel nicht vorenthalten. Längst doppelt geimpft Ende Mai war meine Mutter mit ihrer Schwägerin nach einem Termin im Rathaus beim Bäcker. Da meine Mutter aufgrund der Maske der Verkäuferin nicht wusste, was sie bezahlen musste, nahm meine Tante für wenige Sekunden die Maske herunter und sagte meiner Mutter kurz die Summe, zog anschließend sofort die Maske wieder auf. Daraufhin empörte sich die Verkäuferin und sagte zu meiner Tante, dass sie bitte nach draußen gehen sollen um sich zu verständigen. Mal abgesehen davon, dass diese kleine Szene aus dem Alltag verdeutlicht, an welchen Stellen Menschen mit einer Behinderung schon an Grenzen stoßen können, zeigt diese Situation beispielhaft, wie unterschiedlich die Reaktionen sein konnten. Von panisch bis absolut fahrlässig konnte man alles erleben. Aber dank u.a. meiner Tante, der Schwester meines Vaters, die sich viel Zeit nahm, konnten einige Termine und Untersuchungen problemlos von statten gehen. Es gab wirklich viele Engel, Helden des Alltags oder der Pandemie oder wie man sie auch immer nennen möchte. Eigentlich ziemlich schön dieses Gefühl sich oft bedanken zu wollen, bei Vielen. Dann muss ja Einiges gut laufen, besonders auf der menschlichen Ebene. Ich werde nicht schaffen, alle explizit zu erwähnen.

Zurück zum Thema Impfung. Fehlte dringend noch meine Mutter. Doppelter Lottogewinn, das wärs – aber unwahrscheinlich. Laut sämtlicher Kontaktpersonen der letzten Tage blieb die Variante Hausarzt, grenzte auch an Lotterie, aber in zwei Rennen war sie noch drin. Laut Impfrechner konnte es aber auch passieren, dass meine Mutter ihre erste Spritze erst Mitte Mai erhält. Sollte dies AstraZeneca sein, wäre meine Mutter erst Mitte bis Ende August wirklich save. Eine lange Zeit der Ungewissheit, des Abwägens – wie wichtig ist welcher Termin wirklich? - und des Verzichts. Fragen sie mal die Enkel oder die Oma selbst, was es heißt, die geliebte Oma eineinhalb Jahre nicht zu drücken und sich monatelang nur via Bildschirm zu unterhalten. Dafür ist der Mensch, zumindest die meisten, nicht gemacht. Und es geht vielen auf der Welt so. Alternativ konnte man auch mit seiner Gesundheit spielen oder im schlimmsten Fall sein Leben riskieren. In Deutschland sollten die Hausärzte die Blamage des Impftempos lindern. Auf der Liste bei ihrer Hausärztin war meine Mutter schon drei Wochen als am 06.April endlich der Startschuss fiel und die Hausärzte im Schnitt 26 Impfdosen als Starterset bekamen. Meine Mutter, von ihrer Ärztin in Priogruppe 1 einsortiert, hatte trotzdem erst einmal keine Chance auf eine frühzeitige Impfung. Die Praxis hat einen onkologischen Schwerpunkt, was heißt, es gibt unzählige Patienten in Priogruppe 1. Die wirklich nette Arzthelferin versuchte mir auch zu helfen und riet mir einen Termin bei der 116117 zu vereinbaren oder verwies mich an das Impfzentrum. Ich sagte ihr, dass es keine Termine für über 60jährige mehr gäbe und die Härtefallregelung des Impfzentrums hätten wir ebenfalls schon versucht – wie alles erfolglos. Dort wären wir an den Hausarzt verwiesen worden. Für die Härtefälle schienen nun tatsächlich die Hausärzte verantwortlich, die aber zunächst viel zu wenig Impfstoff hatten. Die Impfzentren, die mit der Intention hochgezogen worden waren, die Risikogruppen schnell durchzuimpfen, konzentrierten sich darauf, nach dem etwas übertrieben gesagt Zufallsprinzip, nach immer wieder sich veränderten Vorgaben und auch anders als prophezeit zu impfen. Die Härtefälle mussten also streckenweise mit die meiste Geduld aufbringen, abgesehen von vielleicht noch 20jährigen Studenten, die in der Regel bei einer Infektion aber zumindest nichts Schlimmes zu befürchten hatten. Ganz nebenbei brachte aber genau diese Personengruppe aus Solidarität große Opfer. Vielleicht ist das sogar die Gruppe, die am meisten vergessen wurde in der Pandemie. Es geht hier nicht nur um die entgangenen Studentenfeten, sondern um eine Lebensphase, die über die Zukunft entscheiden kann, in der Regel eher schön ist und die nicht einfach und oder gar nicht nachzuholen ist. Witze über Studenten, die für ihre Vorlesungen jetzt tatsächlich nicht mehr aus dem Bett aufstehen müssen oder ähnliche Alltagsszenarien ins Lächerliche zogen, halfen an der Stelle auch nicht weiter. Wenn es nicht so ernst wäre, hätte man wirklich viel zu lachen.

Aber zurück aufs Land ohne Universität und Großstadtleben. Bei kurzen Begegnungen auf der Straße wurden Anekdoten ausgetauscht, die alle das Potential für mindestens einen Lacher hatten. Ich möchte ihnen an der Stelle die besten Ideen für meine Mutter an eine Impfung zu kommen nicht vorenthalten. Vielleicht als Anreiz für Sie, falls es nach Covid19 noch ein Covid20 geben sollte. Meine Mutter könnte doch eine Gebärdensprach-AG im Lernen auf Distanz an einer Grundschule anbieten. Als Mitarbeiterin einer Grundschule wäre meine Mutter seit Wochen geimpft, ganz unabhängig von Alter, Vorerkrankung oder sonstigen Risiken. Ein weiterer Vorschlag war eine Stelle in einem Testzentrum anzunehmen. Da dort mühselig alle Daten mehrfach einzeln in den Computer eingegeben werden mussten, gab es dort genug zu tun. Auch dort wird man sofort geimpft. Weitere Ideen waren einmal in der Woche im Altenheim zu essen, sich als Begleitung einer Schwangeren registrieren zu lassen oder nach Israel, in die USA oder nach Brexit-tannien auswandern. Alles gute Möglichkeiten an eine Impfung zu kommen. Schon herrlich wie kreativ man in solchen Ausnahmesituationen wird. Ich hoffe, ich kann noch in der ersten Hälfte des Jahres 2021 dieses Kapitel beenden.

Tatsächlich rief einen Tag nachdem ich diese Worte getippt hatte das Impfzentrum auf meiner Mobilfunknummer an, die ich aufgrund der Dringlichkeit und der Besonderheit des Falles höchstpersönlich nach nicht ganz offiziellem Anraten einer Mitarbeiterin des Bürgerservice des Gesundheitsministeriums dem Leiter des Impfzentrums in die Hand gedrückt hatte, mit der Bitte die Alarmierung über überschüssigen Impfstoff über mich laufen zu lassen. Bei gut 140 km/h in der Nähe von Osnabrück erklärte ich, dass ich es schaffen würde irgendwie meine Eltern zu erreichen, die innerhalb der nächsten zwei Stunden – die Kulanz hatte ich im Gespräch erhalten – zum Impfzentrum kommen sollten bzw. meine Mutter sollte kommen, da mein Vater eine zufällige Alarmierung, wie schon geschildert, bekommen hatte und seit drei Tagen geimpft war. Ein Parkplatz einige Kilometer später sollte helfen, alles in Ruhe hinzubekommen. Bevor hier der Eindruck entsteht, wir wären in Urlaub gewesen, nur der kurze Hinweis, dass wir dreimal im Jahr zu einem Arzt nach Hamburg müssen und gerade auf der Rückreise waren. Dank Übernachtungsverbot waren wir nachts um vier Uhr losgefahren um den Termin um halb elf gerade noch einhalten zu können. 15 Stunden nach der Abfahrt waren wir wieder zu Hause. Das sind ganz nebenbei unbedeutende Kollateralschäden der Corona

Maßnahmen. Normalerweise nutzen wir die Aufenthalte in Hamburg natürlich besser.

Zurück zur Alarmierung durch das Impfzentrum. Meine Mutter hatte mir glücklicherweise einige Tage zuvor die Handynummer ihrer Nachbarin für genau den Fall gegeben. Schicksal? Vielleicht. Da es anscheinend nicht ohne Software Panne laufen durfte, hatte mein Handy sich überlegt, sich einfach mal aufzuhängen – was mein Handy eigentlich nie tut. Also erst einmal Handy herunterfahren und neu starten, aber das war es dann auch mit den technischen Problemen. Alles andere wäre auch wirklich nicht mehr realistisch gewesen. Sieben Minuten nach dem Anruf des Impfzentrums telefonierte ich mit der Nachbarin meiner Eltern. Sie notierte alles, ging zu meinen Eltern und gut 1 ½ Stunden später war die so sehnlichst erwünschte Spritze verabreicht. Zweitimpfung am 19.Mai – dank Biontech war der Zeitraum bis zur zweiten Spritze überschaubar. Eine Mischung aus einer großen Portion Glück, gepaart mit Hartnäckigkeit und Menschen, die herzensgut auch Prinzipien Prinzipien sein lassen können, ohne dabei Falsches zu tun (meine Eltern waren ja impfberechtigt, nur eben schwer zu erreichen), haben meinen Eltern und unserer Familie geholfen, das Impfchaos zu überstehen. Zumindest für den gefährdeten Teil unserer Familie. Wir werden nicht die einzigen gewesen sein, denen es so oder so ähnlich erging, aber ich hoffe für mindestens alle, denen ein schwerer Verlauf droht, dass die Hindernisse einigermaßen zeitnah überwunden werden konnten. Die Geschichten in unserem näheren Umfeld waren bis Ende Mai alle zumindest in Bezug auf die Erstimpfung zu Ende geschrieben.

Eigentlich war das Kapitel für mich mit der Erstimpfung meiner Mutter beendet. Überraschenderweise rief mich am 16.April eine Frau von der Koordinierungsstelle des Impfzentrums an um sich der Planung der Impfung meiner Eltern anzunehmen. Sie hätte gerade meine Mail vom 02.April gesehen und wollte das Problem der Kontaktaufnahme mit meinen gehörlosen Eltern jetzt persönlich mit mir klären. Wie ich es bisher immer erlebt hatte, sehr freundlich und zuvorkommend. Ich sagte ihr, dass meine Eltern ihre erste Impfung verabreicht bekommen haben, fragte aber sicherheitshalber einmal nach – wenn ich schon jemanden persönlich am Telefon hatte – ob es richtig sei, dass meine Mutter andere Unterlagen nach der Impfung erhalten habe als mein Vater. Die Frau war sehr verwundert, sagte mir, was wichtig sei und als sie erfuhr, dass meine Mutter keine Impfbescheinigung erhalten habe, riet sie mir bzw. meiner Mutter zum Impfzentrum zu fahren um sich diese zu holen (es gäbe wohl eine Fundbox), da dies der Beweis sei, dass sie geimpft wurde. Ich war schon recht überrascht, dass dieser Zettel – wo ist die digitale Form vor Ort oder der Aktenordner, in dem alles vermerkt wird? – quasi entscheidend ist. Im Zweifel weiß man das gar nicht. Meine Mutter kannte den Zettel ja nur, weil mein Vater drei Tage zuvor im gleichen Impfzentrum geimpft worden war. Meine Mutter hatte übrigens bereits den Versuch gestartet, sich diesen Zettel zu holen. Allerdings war die Schlange am Impfzentrum jedes Mal so lang, dass sie das Vorhaben verschoben hatte. Am Ende des Telefonats wurde meiner Mutter dann geraten, das Impfzentrum möglichst auf Spaziergängen in die Route einzubauen um einen günstigen Moment, mit wenig Andrang, zu erwischen. Der Andrang entstünde meistens dadurch, dass ältere Menschen keinen Drucker zu Hause hätten und deshalb alles vor Ort geschehen würde. Die Organisation war (oder ist noch?) einfach phänomenal. Mal sehen, wann meine Mutter nun ganz offiziell bescheinigt geimpft ist oder ob es jetzt noch zu Problemen beim Zweittermin kommen wird.

Nur der Form halber...die Impfbescheinigung hatte meine Mutter einige Tage später in ihren Händen. Soweit so gut. Am 16.Mai bekam unsere vierjährige Tochter mit, dass mein Vater an diesem Tag das zweite Mal geimpft werden würde. Mir war gar nicht klar wie sehr sie Bescheid wusste, aber nach dieser Information brach eine riesen Euphorie bei ihr aus. Sie fragte unglaublich fröhlich und eigentlich rein rhetorisch, ob Opa dann wieder ohne Maske kommen könne und ob sie Opa wieder knuddeln dürfe. Ich sagte ihr, dass wir noch wenige Tage durchhalten müssten und dann alles wieder ‚normal' sei. Das Strahlen in ihrem Gesicht war richtig mitreißend.

Beim ersten Treffen nach erfolgreicher Immunisierung – davon gehen wir jetzt mit einer hohen Wahrscheinlichkeit aus – liefen unsere Kinder meine Eltern glücklich in die Arme. Unser Sohn packte bereits fünf Tage bevor er das erste Mal wieder seit einer gefühlten Ewigkeit bei meinen Eltern übernachten konnte seine Tasche. So groß war die Freude. Mein Vater hatte allerdings Schwierigkeiten sich wieder an die alte Normalität zu gewöhnen. Als er unseren Sohn zur Übernachtung abholte, setzte er bei der Autofahrt eine Maske auf. Er sagte, es würde sich ohne Maske merkwürdig anfühlen. Ob die Unbeschwertheit, die dann schnell folgte, lange bleibt? Wahrscheinlich reichen die zwei Spritzen nicht für ein unbeschwertes Weihnachtsfest. Bis dahin muss wohl eine Auffrischung her.

Open end vs happy end

Es wäre an der Zeit ein Wettbüro aufzumachen und das Ganze sportlich anzugehen. Spekulieren über das Ende bestimmter Maßnahmen, Reihenfolgen oder noch nicht vorhersehbarer Veränderungen würde die Zeit bis zum Ende der Pandemie vielleicht spannender gestalten.

Irgendwie hat sich die Idee aber weder bei uns noch woanders wirklich durchgesetzt – wenn man einmal von bestimmten Menschen absieht, die gerne in den Medien Prognosen abgeben um dann immer wieder eines Besseren belehrt zu werden. Wir hatten eine Art running gag in unserer Familie, der immer dann, wenn ein bestimmter Virologe, der bereits einige Male, sagen wir einmal, ziemlich daneben gelegen hatte mit seinen Empfehlungen und Vorhersagen, zur Erheiterung genutzt wurde, wenn wieder einmal alles völlig ungewiss schien. Dann haben wir die Aussagen des Herrn X genommen und sind vom Gegenteil ausgegangen. Ich weiß, klingt gar nicht so spektakulär, aber hat ein bisschen geholfen. Viele kleine Puzzleteile ergeben auch ein Ganzes.

Im Prinzip geht es ums Durchhalten und das auch noch so gut wie möglich. Bei uns ist die Energie pro Tag nicht immer gleich und somit empfindet man den einen Tag manchmal als härter als einen anderen, auch wenn von den Rahmenbedingungen alles gleich oder mindestens ähnlich ist.

Ebenso konnte die Freude auf bestimmte Gegebenheiten sehr unterschiedlich ausfallen. Am 9.Mai begann der so genannte

Tennis Kindergarten für unsere Kleinste. Eine Stunde Bewegung draußen mit vier anderen Kindern und einem Trainer. Unsere jüngste Tochter kam an dem Tag morgens die Treppe hinunter und strahlte mich den Worten an: „Heute ist mein Glückstag. Endlich Tennis!" Am selben Tag hatte unser Sohn morgens Fußballtraining. Die zweite Einheit nach der härtesten Änderung, die Fußball als Sportart ziemlich entfremdet hatte und Wesentliches verbot. Er begrüßte mich an dem Morgen mit den Worten: „Wofür weckst du mich? Mit vier Kindern auf Abstand habe ich keinen Bock auf Training!" Man wusste morgens nicht, was auf einen zukam. Es blieb spannend oder ungewiss, je nachdem wie Sie es sehen wollen.

Vor allem bin ich froh, dass ich vor einem Jahr noch nicht wusste, nicht einmal ahnte, dass 2021 so sein würde. Es hätte beim Durchhalten nicht geholfen.

Jetzt, im Juni 2021 ist nach eineinhalb Jahren der Urlaub für den Herbst schon einmal gebucht, verbunden mit der berechtigten Hoffnung, dass wir diesen antreten können. Dazu werden bei Videochats Pläne geschmiedet für Treffen, die tatsächlich in näherer Zukunft realistisch sind. Kaum zu glauben, aber so langsam kann man sich vielleicht tatsächlich an diese Gedanken gewöhnen. Ein großartiges Gefühl! Ich freue mich zusätzlich schon regelrecht darauf, nur wenig Zeit zu haben um vom Turntraining unserer Tochter zum Fußballspiel unseres Sohnes zu fahren, auf den kleinen unbequemen Kinderstühlen in den Klassenzimmern der Kinder bei Elternabenden zu sitzen oder mich zu ärgern, dass ich mich beim Bestellen im Restaurant für das falsche Gericht entschieden habe. Nein, natürlich nicht, ich werde es einfach genießen.

Ich bin gespannt, wann ich das Fenster des WDR Corona Ticker endgültig schließen werde. Seit über einem Jahr schaue ich jeden Morgen mittlerweile völlig routinemäßig auf die neuesten Kurznachrichten und den Inzidenzwert unseres Kreises. Vermissen werde ich es sicher nicht.

Eines wünsche ich mir. Ob ich noch ein Buch schreiben werde, weiß ich nicht. Auf keinen Fall möchte ich eine Fortsetzung dieses Buches schreiben können.

Was bleibt

Die Zeit wirklich zu begreifen während man noch mitten in ihr steckt ist schwierig, aber einen Versuch wert. Es geht um Gesundheit und Freiheit, neben allen anderen ‚Baustellen', die es privat, innerfamiliär oder beruflich noch zu bewältigen gilt. Die Rucksäcke, die jeder trägt, sind zurzeit zum Teil sehr groß und schwer, hoffentlich nicht zu schwer.

Was fällt mir beim kurzen Brainstorming als Erstes ein: fehlende Nähe; Unsicherheit und Sorgen; einmal Quarantäne reicht; positiv denken hilft; arbeiten gehen zu müssen kann großes Glück und erstrebenswert sein (wie oft hatte ich mir gewünscht einfach mal arbeiten gehen zu können?!); viel Bürokratie und wenig bis nicht so gut funktionierende Digitalisierung; das Klima freut sich über die Pandemie, wenn man schafft, den Plastikmüll wieder zu verwerten; bleibende Eindrücke bestimmter Politiker, was die Bundestagswahl im September 2021 sicher beeinflussen wird; nichts ist selbstverständlich; alles kann sich schnell ändern; wie es ist keine Wahl zu haben; dass Lockdown noch lange nicht heißt, dass man mehr Zeit hat; wenn man nicht zur Schule muss, kann man abends länger aufbleiben – es gibt Punkte, die sind für die einen positiv (in dem Fall für die Kinder) und für andere negativ (in dem Fall für die Eltern). Online Fortbildungen sind nichts für mich. Den grünen Daumen hat bei uns unser Sohn, aber Frauen über 40 sind auch noch lernfähig. Außerdem habe ich erfahren, dass nicht alle Frauen das Home Office lieben – nicht das eigene und schon gar nicht das ihrer Männer; dass deutlich mehr Hausarbeit anfällt, wenn alle viel mehr zu Hause sind; dafür aber keiner krank wird, wenn man Maske trägt und wenig Menschen trifft – auf jeden Fall blieben die Infekte als Begleiter durch den Winter komplett verschwunden; politische Themen von höchster Priorität und eigentlich nicht zu vernachlässigen wie das Klima, der Umgang mit Flüchtlingen oder die Vorgehensweise mancher Länder, das eigene Volk zu unterdrücken, traten zeitweise völlig in den Hintergrund – all das machte wegen Corona keine Pause...es gibt so viele Aspekte, die ich nicht eingebracht habe, weil es den Rahmen sprengen würde und auch meine Familie und mich speziell nicht oder zu wenig betraf (verstehen Sie mich nicht falsch; Dinge wie das Klima betreffen uns selbstverständlich, aber Masken verweigern um Plastikmüll zu reduzieren war eben nicht drin). Auch wenn so mancher Punkt mich natürlich intensiv beschäftigt hat und manchmal zusätzlich hat schlecht schlafen lassen. Die Wichtigkeit ist selbstverständlich nicht zu leugnen. Aber diese Bücher müssen dann andere schreiben, weil ich mir keine Aussagen über z.b. geglückte oder missglückte Subventionen vom Staat anmaßen möchte; wie es ist, als Student ohne Studentenleben zu studieren; als 17jährige ertragen zu müssen beim Impfen ganz hinten anzustehen, während nach einem Jahr Solidarität mit den Älteren sich die Geimpften ihre Rechte als Erstes zurückholen; wie es ist, zwei Jahre nicht zu seiner im Ausland lebende Mutter reisen zu können oder unter Corona Bedingungen sogar auf der Flucht zu sein; frisch verwitwet zu trauern ohne in den Arm genommen zu werden; wie es ist, in der Pandemie Abiturient oder Vorschulkind zu sein und somit auf Vieles verzichten zu müssen, was man nicht nachholen kann; wie es sich anfühlt, wenn der Traum von Olympia nach vier Jahren Vorbereitung (mindestens vorübergehend) platzt; oder wie es ist, in einer Pandemie auf einer Intensivstation oder in einem Alten-/Pflegeheim arbeiten zu müssen; wie es ist, einen geliebten Menschen zu verlieren, ohne von ihm Abschied nehmen zu können oder wie es ist als Querdenker zu leben. Diese Liste ließe sich noch lange fortführen. Corona hat unser aller Leben verändert. Jeder hat seine Corona Geschichte, das eint uns alle. Sie sind alle persönlich, zum Teil völlig verschieden und an anderen Stellen gibt es Überschneidungen oder sogar Gleiches. Mir hat es sehr gut getan, meine Geschichte aufzuschreiben, auch wenn die Zeit natürlich oft gar nicht da war, wochenlang keine Zeile verfasst wurde, geschweige denn Korrektur gelesen wurde (ich hoffe, die Fehler und die logischen Brüche halten sich in Grenzen), aber manchmal hat es sich wirklich gelohnt sogar nachts aufzustehen und das Erlebte in Worte zu fassen. Auch ein geschriebenes Kapitel Wochen später zu lesen, ist faszinierend, weil sich die Perspektive ändern kann, die Beurteilung des Passierten oder auch das Erinnern manchmal einsetzte, weil durch diese anstrengende Zeit natürlich nicht alles im Langzeitgedächtnis ankommen konnte. Es gibt kein zurück. Diese Zeit wird uns alle immer begleiten, selbst wenn Corona längst seinen Schrecken verloren haben wird. Noch ist die Pandemie nicht vorbei. Auch wenn ab dem 31.Mai wieder der Präsenzunterricht gestartet ist, wenn auch nicht in Bayern, denn dort waren noch Pfingstferien. Trotzdem ein Grund diesen Tag als Feiertag für alle Mütter einzurichten. Auch andere Maßnahmen beginnen zurück gefahren zu werden. Einkaufen wird leichter. Urlaub mit Hindernissen ist im Bereich des Möglichen im Sommer. Die Impfquote steigt und somit auch die Chance auf Normalität, auf soziales Leben. Es ist trotzdem nicht endgültig geschafft. Ich habe mich aber entschlossen, das Buch zu beenden. Es ist schlichtweg genug. Besser wird es nicht – dieses Buch meine ich, nicht die Zeit oder unsere Situation! Und Sie müssen einfach damit leben, dass es bessere und schlechtere Kapitel in dem Buch gibt. Jedes ist in einer anderen Verfassung entstanden. Von völlig übermüdet bis in die Haarspitzen euphorisch war alles dabei. Hinter den Punkt ‚ein Buch schreiben' auf der to do Liste kann ich jetzt auf jeden Fall einen Haken setzen. Und das ganz freiwillig und gewollt.

Machen Sie es gut und bleiben Sie gesund – damit meine ich nicht nur Corona! Und schön, dass Sie bis zum Ende durchgehalten haben – oder gehören Sie etwa zu den Menschen, die immer zuerst die letzten Seiten eines Buches lesen? Auch nicht schlimm, tun Sie, was Ihnen gut tut!

Es ist Frühjahr 2021. 9.15 Uhr morgens. Gerade habe ich unsere Jüngste in den Kindergarten gebracht. Ich sitze am noch nicht abgeräumten Frühstückstisch und plane den Tag. Ausnahmsweise alleine, weil Wechselunterricht bei einer Inzidenz von 155 gerade noch so erlaubt ist und auch der Kindergarten somit im eingeschränkten Regelbetrieb öffnen darf. Die Schnelltests der Kinder waren ebenfalls alle negativ. Davon muss ich ausgehen, da die Schule nicht angerufen hat. Man könnte fast meinen, alles sei normal in diesen etwa zwei Stunden in der Woche an zwei Tagen vormittags – im Moment, an denen ich das Haus tatsächlich für mich und die liegen gebliebene Arbeit habe. Mein Blick schweift durch den Garten. Während sich die Sonne durch den frühmorgendlichen Nebel kämpft, gleichzeitig das Eichhörnchen durch den Garten flitzt, wirkt alles so perfekt und nichts Negatives ist sichtbar. Das Corona Virus ist mit dem bloßen Auge nicht zu sehen, aber es ist da und bleibt – also nicht in unserem Garten natürlich, grundsätzlich. Es gilt, das Beste daraus zu machen, damit zu leben. Freuen Sie sich auf das, was kommt! Alles wird gut!

Ein letztes Danke

Die meisten Autoren bedanken sich am Ende bei den Menschen, die geholfen haben, das Buch zu veröffentlichen, Korrektur gelesen haben, Ideen gegeben haben oder was eben im Rahmen des Buches sonst wichtig war.

Ich habe mich im Laufe des Buches bereits bei den vielen lieben Menschen bedankt, die es geschafft haben, die schwierige Situation besser meistern zu können, in irgendeiner Form geholfen haben, ihren Job außergewöhnlich gut gemacht haben oder wichtige Aspekte des Mensch seins in den Vordergrund gestellt haben. Eineinhalb Jahre sind lang und ich werde es nicht geschafft haben, alle und alles einzubeziehen.

Einige sollen trotzdem hier an der Stelle (noch einmal) erwähnt werden.

Da ich an der Erarbeitung und Fertigstellung des Buches niemanden habe teilhaben lassen, fällt dieser Part weg. Es hat eben doch ein wenig von Tagebuchcharakter. Es gab ein paar Menschen, die mich ermutigt haben, aus meinem Geschriebenen ein Buch zu machen. Für das Zutrauen und die Unterstützung bin ich meinen Freunden sehr dankbar. Damit das Projekt aber nicht auf den letzten Metern scheitert, habe ich bewusst darauf verzichtet, jemandem das Buch vor Veröffentlichung zu lesen zu geben. Je nach Urteil hätte ich am Ende keinen Haken hinter den Punkt ‚ein Buch schreiben' setzen können. Das ist kein Misstrauen. Vielleicht hatte ich einfach Angst vor einem ehrlichen Urteil. Schließlich fordere ich Ehrlichkeit häufig ein. Es geht ja auch gar nicht um das Urteil anderer, sondern um meine Sicht des Erlebten. Korrektur lesen ist diesbezüglich also schwierig. Das Rechtschreibprogramm des PCs hat die schlimmsten Fehler hoffentlich erkannt und mit den logischen Brüchen und Unklarheiten muss ich nach der Entscheidung leben. Die kurzen Sätze ohne Verb oder ähnliche grammatische Fehler sind übrigens oft gewollt. So würde ich Ihnen die Geschichte erzählen. Deshalb habe ich Vieles so stehen gelassen, auch wenn Deutschlehrer einen Rotstift verbrauchen würden in dem Buch. Da kann ich mit leben, nachdem meine Deutsch LK Lehrerin mir 1998 eine gewisse Reife in dem Fach attestiert hat. Ein Danke mit 23 Jahren Verspätung, wenn man so will.

Bei meiner Familie habe ich mich selbstverständlich persönlich und ausgiebig bedankt, für so Vieles. Eine Ergänzung, die das Buch ganz speziell betrifft, sei hier aber erwähnt. Basti, danke für das geniale Titelbild und deine Hilfe rund um das Bild. Somit bist du der Einzige, der aktiv mit an dem Buch gearbeitet hat.

Danke an Katrin, die nicht aufgegeben hat, mich per Video immer mal wieder anzurufen, wenn ich wieder über einen langen Zeitraum durch Abwesenheit bzw. durch Nicht-Melden geglänzt habe. Und mir das nicht übel genommen hat.

Danke an Babsi, die mir die beste Eisdiele Kölns gezeigt hat – solche Kleinigkeiten waren im Lockdown nicht unwesentlich – und danke dafür, dass ich beim Laufen eine Disziplin besitze, die mir nach meiner Erkrankung geholfen hat wieder fit zu werden. Die Laufrunden mit dir im Sommer 2020 nicht zu vergessen.

Danke an Birgit, die häufiger kurzfristig Probleme von mir löste und selbst in unserer Quarantäne eine Lösung fand, unserer Tochter eine medizinisch notwendige Spritze coronakonform zu verabreichen. Danke für deinen Mut und deinen Einsatz.

Danke, Sabine und Anna, für die Geduld und den Spaß, das Ertragen des Blödsinns meiner Kinder auf der matschigen Waldrunde. Und für die Smarties. Der Abend war gerettet.

Alles nur Beispiele von Momenten, die zu Erinnerungen wurden.

Danke an alle herzensguten Menschen in meinem Umfeld. Schön, dass es euch gibt! Alle im gesamten Buch genannten und auch Nicht-Genannten fühlen sich bitte ganz fest gedrückt. Es wird hoffentlich bald möglich, die ein oder andere ausstehende Umarmung real nachzuholen.

MIX

Papier | Fördert
gute Waldnutzung

FSC® C083411

Zeitfracht Medien GmbH
Ferdinand-Jühlke-Straße 7
99095 Erfurt, Deutschland
produktsicherheit@kolibri360.de